Buku Masakan Jepun Asli

Temui Rasa Jepun dengan 100 Hidangan Tradisional

Jane Ravindran

© HAK CIPTA 2024 SEMUA HAK TERPELIHARA

Dokumen ini ditujukan untuk menyediakan maklumat yang tepat dan boleh dipercayai mengenai topik dan isu yang diliputi. Penerbitan itu dijual dengan idea bahawa penerbit tidak perlu memberikan perkhidmatan perakaunan, dibenarkan secara rasmi atau sebaliknya perkhidmatan yang layak. Jika nasihat diperlukan, undang-undang atau profesional, individu yang diamalkan dalam profesion itu harus dipesan.

Sama sekali tidak sah untuk mengeluarkan semula, menduplikasi, atau menghantar mana-mana bahagian dokumen ini sama ada dalam cara elektronik atau format bercetak. Merakam penerbitan ini adalah dilarang sama sekali, dan sebarang penyimpanan dokumen ini tidak dibenarkan melainkan dengan kebenaran bertulis daripada penerbit. Semua hak terpelihara.

Penafian Amaran, maklumat dalam buku ini adalah benar dan lengkap sepanjang pengetahuan kami. Semua cadangan dibuat tanpa jaminan dari pihak pengarang atau penerbitan cerita. Penafian dan liabiliti pengarang dan penerbit berkaitan dengan penggunaan maklumat ini

Jadual Kandungan

PENGENALAN..8

RESEPI JEPUN...9

    1. Tempura terung dengan kuah kacang...............9

    2. Kentang miso dengan asparagus hijau............12

    3. Dashi dengan sayur rangup.............................15

    4. Mee soba dengan cendawan goreng..............18

    5. kuah dashi...20

    6. Tauhu sutera dengan lobak merah berwarna-warni.........22

    7. Anko (pes kacang merah).................................24

    8. Sup ramen dengan lobak pedas......................26

    9. Acar halia...30

    10. Mee ramen dengan sayur goreng.................32

    11. Mangkuk sushi asparagus dengan salmon ketumbar......34

    12. Mee Chanterelle dengan mee konjac............37

    13. Tauhu sup miso dengan mee soba................40

    14. Gyozas..43

    15. Salad asparagus dengan tataki daging lembu.................47

    16. Aiskrim matcha..51

    17. Matcha latte...54

    18. Roti ramen...56

    19. Ramen dengan Ayam dan Labu.....................60

    20. Ramen dengan cendawan, tauhu dan kimchi.................63

    21. Ramen dengan perut babi dan telur..............65

22. Radicchio Fittata dengan surimi...............................68
23. Ikan salmon panggang dengan sos teriyaki....................70
24. Fillet dada ayam sayu..72
25. Mee soba dengan tauhu bijan...................................75
26. California gulung dengan udang...............................78
27. Sushi bakar...81
28. Maki sushi dengan tuna dan timun.............................84
29. Ikan trout dengan kaviar keta pada cendawan enoki......86
30. Tapak pada limau dengan kuning telur......................88

HIDANGAN UTAMA...90
31. Salmon alpine dalam perapan Jepun..........................90
32. Salmon alpine dalam perapan Jepun..........................93
33. Yaki Udon dengan Dada Ayam..................................95
34. Perut babi rebus..97
35. Daging lembu dan gulung bawang..............................99
36. Yaki-Tori (Sate Ayam Bakar).................................101
37. Tempura sayur dengan mousseline wasabi..................103
38. Sashimi..105
39. Tuna Maki..107
40. Tempura sayur...109
41. Tempura udang...112
42. Kuali ayam cili padi..114
43. Gyoza...116
44. Sushi & Maki variasi..119

45. Ayam salut dengan biji bijan..................123

46. Babi panggang Jepun..................125

47. Okonomyaki..................127

48. Maki..................128

49. Roulade daging lembu dengan lobak bayi..................130

50. Mi Asia dengan daging lembu..................132

RESEPI SAYUR..................134

51. Pinggan sashimi kecil..................134

52. Kaviar keta pada puri daikon..................136

53. Salad Koknozu dengan kacang ayam..................138

54. Tempura sayur..................140

55. Maki Sayur..................143

56. Onigiri dengan kubis merah dan tauhu salai..................145

57. Yaki-Tori (Sate Ayam Bakar)..................147

58. Sushi & Maki variasi..................149

59. Maki dengan tuna, alpukat dan shiitake..................153

60. Maki dengan salmon, timun dan alpukat..................156

61. Maki dengan udang, timun dan shitake..................158

62. Kerepek Parmesan Zucchini..................160

63. sarang labah-labah Jepun..................162

64. Maki sushi dengan tuna dan timun..................164

65. Ura Makis Avocado..................166

66. sup masam manis..................168

67. Kuali sayur dengan daging..................170

68. Tuna dengan pucuk cili...172

69. Tempura salmon dan sayur-sayuran......................174

70. salad mi Jepun...176

RESEPI SUP..179

71. Sup miso dengan cendawan shiitake......................179

72. Sup miso vegan..181

73. Sup ramen dengan lobak pedas..............................183

74. Tauhu sup miso dengan mi soba.............................187

75. Sup Jepun...190

76. Mee sup cendawan Jepun..192

77. salad mi Jepun...194

78. sup masam manis...196

79. Sup sayur Jepun..198

80. Sup Jepun dengan rumpai laut...............................200

RESEPI DAGING..202

81. Daging lembu dan gulung bawang.........................202

82. Ayam sayu dengan biji bijan....................................204

83. Babi panggang Jepun..206

84. Roulade daging lembu dengan lobak bayi............208

85. Mi Asia dengan daging lembu.................................210

86. Kuali sayur dengan daging......................................212

87. perut babi BBQ Jepun...214

88. tulang rusuk ganti Jepun...216

89. Mee soba dengan ayam..218

- 90. Pasta dengan daging lembu dan sayur-sayuran............220
- AYAM..223
  - 91. Yaki Udon dengan Dada Ayam.......................................223
  - 92. Kuali ayam cili padi..226
  - 93. Ayam dalam pelapis buttermilk pedas..........................228
  - 94. Kaki ayam dengan tomato...230
  - 95. Isi ayam dalam sos aromatik...232
  - 96. Mee soba dengan ayam...235
  - 97. Mee soba...237
  - 98. Dada itik tumis..239
  - 99. Salad dengan dada ayam dan asparagus hijau..............242
  - 100. Yakitori..245
- KESIMPULAN...247

PENGENALAN

Masakan Jepun adalah salah satu yang tertua di dunia, dengan sejarah masakan yang pelbagai dan kaya. Resipi Jepun berbeza mengikut wilayah, tetapi anda boleh menemui banyak bijirin, produk soya, makanan laut, telur, sayur-sayuran, buah-buahan, bijirin dan kacang di dalamnya. Oleh kerana banyaknya makanan laut dan pengaruh agama Buddha terhadap masyarakat, ayam, daging lembu, kambing, dan daging babi digunakan dengan berhati-hati. Masakan Jepun juga sangat berkhasiat, sihat, dan tinggi tenaga. Sama ada anda sedang mencari hidangan kukus, hidangan rebus, hidangan panggang, hidangan goreng dalam atau hidangan cuka, anda akan menemui pelbagai pilihan.

RESEPI JEPUN

1. Tempura terung dengan kuah kacang

bahan-bahan

sos

- 2 biji cili merah (kecil)
- 10 sudu besar minyak kacang tanah
- 6 sudu besar tahini
- 2 sudu besar kicap ringan
- 2 sudu besar cuka wain merah

Terung & adunan

- 8 terung (terong putih-ungu kecil pejal lebih kurang 80 g setiap satu)
- 400 gram tepung
- 4 sudu besar minyak sayuran
- 2 sudu besar serbuk penaik tartar
- 600 mililiter air berkilauan (sejuk ais)
- Minyak sayuran (untuk menggoreng)

Deco

- 2 biji bawang besar
- 2 sudu kecil bijan (putih)

persiapan

Untuk Sos

1. Bersihkan dan cuci cili padi, potong memanjang dan buang bijinya. Potong cili padi, parut halus bersama minyak kacang tanah dalam lesung. Campurkan minyak cili, tahini, kicap dan cuka bersama-sama.

UNTUK terung & adunan

2. Bersihkan terung, bilas, keringkan dan empatkannya memanjang. Campurkan tepung, minyak, serbuk penaik dan air mineral

dengan pemukul untuk membentuk adunan tempura yang licin.
3. Panaskan minyak goreng dalam periuk besar lebih kurang. 160-180 darjah. Adalah lebih baik untuk menarik kepingan terung melalui adunan tempura dengan pinset atau garpu (praline) dan tuangkan dengan teliti ke dalam minyak panas. Bakar dalam bahagian atas api sederhana selama lebih kurang. 4 minit sehingga perang keemasan dan garing. Angkat minyak dengan sudu berlubang dan biarkan toskan sebentar di atas kertas dapur.

Untuk Hiasan

1. Bersihkan, basuh, belah dua dan potong bawang besar menjadi jalur yang sangat halus. Letakkan dalam air sejuk sehingga sedia untuk dihidangkan.
2. Susun tempura terung dengan sedikit sos di atas pinggan, taburkan dengan beberapa helai daun bawang dan biji bijan. Hidangkan segera.

2. Kentang miso dengan asparagus hijau

bahan-bahan

- 500 gram kentang (ketiga tiga)
- 400 mililiter dashi
- 100 gram shitake kering
- 4 sudu besar miso (pes ringan)
- 500 gram edamame beku
- 10 tangkai asparagus hijau
- 2 tandan lobak
- garam
- 2 sudu besar cuka beras
- bijan hitam

persiapan

1. Kupas, basuh dan potong kentang separuh. Panaskan dashi dan shiitake, biarkan selama 10 minit. Keluarkan shiitake dari kuahnya dengan sudu berlubang, jangan gunakannya lagi. Masukkan kentang ke dalam sup dan reneh selama kira-kira 10 minit. Masukkan miso, kacau, dan masak selama 10 minit lagi.
2. Sementara itu, kupas edamame dari buahnya. Basuh asparagus, kupas sepertiga bahagian bawah dan potong hujung berkayu. Potong tangkai asparagus kepada 4 bahagian yang sama. Bersihkan lobak, keluarkan daun muda, basuh lobak dan potong dua atau empat, bergantung pada saiznya. Bilas daun lobak dengan baik di bawah air sejuk dan ketepikan.
3. Masukkan sayur kecuali lobak ke dalam pengukus. Tuangkan kira-kira 1 cm air ke dalam periuk yang sesuai dan biarkan mendidih. Letakkan sisipan pengukus dengan berhati-hati dalam kuali dan kukus sayur dengan penutup tertutup selama kira-kira 6 minit sehingga al dente.

4. Keluarkan sayur kukus dari periuk, masukkan ke dalam mangkuk, campurkan dengan lobak, garam dan cuka beras dan perasakan secukup rasa. Hidangkan kentang miso yang telah direbus bersama sayur kukus dan daun lobak. Taburkan beberapa biji bijan hitam di atas dan hidangkan.

3. Dashi dengan sayur rangup

bahan-bahan

Sayur-sayuran

- 1 lobak merah
- 6 tangkai brokoli (brokoli liar, lebih kurang 150 g; atau "Bimi", brokoli dengan batang panjang)
- 2 tangkai saderi
- 100 gram cendawan tiram raja (potong jalur nipis atau cendawan kotak coklat)
- 1 biji bawang besar
- 100 gram kacang snap gula

- 20 gram halia
- 150 gram akar teratai (tersedia sebagai kepingan beku di kedai Asia)

kuahnya

- 1 liter dashi
- 100 mililiter sake
- 50 mililiter Mirin (wain beras Jepun manis)
- 2 sudu besar kicap ringan
- 4 sudu besar minyak halia
- 4 batang ketumbar (untuk taburan)

persiapan

Untuk Sayuran

1. Kupas lobak merah dan potong jalur halus. Basuh brokoli, pendekkan sedikit batangnya. Bersihkan saderi, keluarkan benang, jika perlu, basuh dan potong menjadi kepingan nipis sangat menyerong. Jika perlu, potong cendawan beech dari substrat.
2. Bersihkan dan basuh bawang besar, juga potong menyerong ke dalam cincin. Bersihkan dan basuh kacang snap gula, potong buah yang sangat besar separuh pada sudut. Kupas

halia dan potong menjadi jalur yang sangat halus.

Untuk The Broth

1. Didihkan kuah dashi dan perasakan dengan sake, mirin, kicap dan minyak halia. Biarkan sayur-sayuran yang disediakan dan hirisan akar teratai beku mereneh dengan api perlahan selama kira-kira 8 minit sehingga garing.
2. Bilas dan keringkan ketumbar dan petik daunnya. Susun dashi dan sayur dalam mangkuk, taburkan daun ketumbar dan hidangkan.

4. Mee soba dengan cendawan goreng

bahan-bahan

- 200 gram cendawan shiitake (kecil, segar)
- 1 biji cili merah
- 1 sudu besar kicap ringan
- 4 sudu kecil sirap beras
- 6 sudu besar minyak bijan (dipanggang)
- 200 gram cendawan merah jambu
- 100 Gram cendawan enoki (varieti berbatang panjang; di pasar raya yang lengkap atau di pasar)
- 400 gram soba (mee soba Jepun)
- 1 liter dashi
- 4 tangkai ketumbar (atau selasih Thai).

persiapan

1. Bersihkan shiitake dan potong hujung batang yang kering. Bersihkan lada cili, bilas dan potong menjadi cincin nipis (bekerja dengan sarung tangan dapur). Campurkan kicap, sirap beras, cili dan minyak bijan dan kemudian gaulkan dengan cendawan shiitake. Biarkan ia curam selama kira-kira 30 minit.
2. Sementara itu, bersihkan cendawan dan potong menjadi kepingan nipis. Potong cendawan enoki dari tangkainya. Sediakan mee soba mengikut arahan pada peket.
3. Masukkan cendawan shiitake ke dalam kuali dan bakar selama kira-kira 2 minit. Panaskan kuah dashi.
4. Masukkan mee siap, shitake goreng, cendawan mentah dan cendawan enoki ke dalam mangkuk dan tuangkan kuah dashi panas ke atasnya. Bilas ketumbar, goncang kering dan letakkan di atas pasta. Hidangkan segera.

5. kuah dashi

bahan-bahan

- 4 helai daun alga (alga kombu, rumpai laut kering; setiap satu bersaiz kira-kira 2 x 10 cm; cth di pasar organik atau kedai Asia)
- 6 shitake kering (kira-kira 15 g)

persiapan

1. Masukkan alga kombu dan cendawan shiitake ke dalam periuk dengan 1 liter air sejuk. Panaskan air perlahan-lahan hingga sekitar 60 darjah (bekerja dengan termometer). Tarik periuk dari dapur. Biarkan kuah berdiri dengan penutup selama 30 minit.

2. Tuangkan stok melalui ayak halus dan gunakannya untuk resipi lain atau pastikan ia tertutup rapat dalam balang atas skru di dalam peti sejuk. Kuah dashi bertahan di sana selama 3-4 hari.

6. Tauhu sutera dengan lobak merah berwarna-

warni

bahan-bahan

- 1 sudu teh bijan hitam
- 2 oren organik
- 4 sudu kecil kicap ringan
- 2 sudu teh jus lemon
- 2 sudu teh minyak halia
- 5 sudu besar jem oren
- 800 gram lobak merah organik (kuning, merah-ungu)
- garam
- sudu besar minyak bijan (dipanggang)

- 800 gram tauhu sutera
- 4 tangkai selasih Thai

persiapan

1. Goreng bijan hitam dalam kuali tanpa sebarang lemak, kemudian angkat. Bilas oren dengan air panas, keringkan dan parut kulitnya. Belah separuh sebiji oren dan perah jusnya. Campurkan kulit oren dan jus, kicap, jus lemon, minyak halia dan jem oren dan perasakan secukup rasa.
2. Bersihkan dan kupas lobak merah dan potong halus, sekata. Didihkan air dalam periuk, rebus batang lobak merah di dalamnya selama lebih kurang 2 minit supaya ia masih rangup, kemudian toskan dan tuangkan sebentar ke dalam air batu. Toskan batang, sedikit garam dan campurkan dengan minyak bijan.
3. Potong tauhu bersaiz 3 x 4 cm, susun dan siram dengan dressing oren. Letakkan batang lobak merah di sebelah tauhu dan taburkan bijan. Bilas selasih Thai, keringkan, petik daun dan taburkan lobak merah.

7. Anko (pes kacang merah)

bahan-bahan

- 250 gram kacang adzuki
- 200 gram gula
- air

persiapan

1. Tutup kacang adzuki dalam mangkuk dengan air dan biarkan meresap semalaman.
2. Keesokan harinya, toskan air dan masukkan kacang ke dalam periuk. Tutup dengan air dan biarkan mendidih sekali.

3. Kemudian toskan airnya dan tutup kacang dengan air tawar dan masak selama kira-kira 60 minit sehingga lembut. Penuraian memastikan anko tidak terasa pahit nanti.
4. Toskan air masak dan kumpulkan sedikit. Kacau gula ke dalam kacang adzuki supaya ia larut. Akhir sekali, haluskan kekacang untuk dijadikan pes. Jika konsistensi terlalu pekat, masukkan sedikit air masak.

8. Sup ramen dengan lobak pedas

bahan-bahan

- ½ batang Allium (daun bawang)
- 1 biji bawang
- 2 ulas bawang putih
- 80 gram halia (segar)
- 2 sudu besar minyak
- 1 buku jari babi
- 1 kilogram kepak ayam
- garam
- 2 keping (alga kombu; alga kering; kedai Asia)
- 30 gram shitake kering
- 1 tandan bawang besar
- 2 sudu besar bijan (ringan)

- 1 helai nori
- 6 biji telur
- 300 gram mee ramen
- 50 gram miso (ringan)
- 2 sudu besar Mirin (wain putih Jepun)
- 65 gram lobak pedas
- Minyak bijan (panggang)

persiapan

1. Bersihkan dan basuh daun bawang dan potong besar. Kupas bawang merah dan bawang putih, separuh bawang besar. Basuh 60 g halia dan potong ke dalam kepingan. Panaskan minyak dalam kuali. Panggang bawang merah, bawang besar, bawang putih dan halia di dalamnya dengan api besar sehingga perang muda.
2. Masukkan sayur-sayuran goreng dengan buku jari babi yang telah dibilas dan sayap ayam dalam periuk besar dan isi dengan 3.5 liter air. Bawa semuanya perlahan-lahan hingga mendidih dan reneh dengan api perlahan tanpa penutup selama kira-kira 3 jam. Keluarkan buih yang naik. Selepas 2 jam, perasakan kuahnya dengan garam.

3. Tuangkan kuahnya melalui ayak halus ke dalam periuk lain (membuat lebih kurang 2.5-3 l). Mungkin degrease kuahnya sedikit. Lapkan rumpai laut kombu dengan kain lembap. Masukkan cendawan shiitake dan alga kombu ke dalam sup panas dan biarkan curam selama 30 minit.
4. Keluarkan buku jari babi dari kulit, lemak dan tulang dan potong seukuran gigitan. Jangan gunakan sayap ayam untuk sup (lihat petua).
5. Kupas halia yang tinggal dan potong ke dalam jalur nipis. Bersihkan dan basuh bawang besar, potong cincin halus dan letakkan di dalam air sejuk. Bakar biji bijan dalam kuali kering sehingga ia berwarna perang muda. Seperempat rumpai laut nori, bakar sebentar dalam kuali kering dan potong menjadi jalur yang sangat halus. Pilih telur, rebus dalam air mendidih selama 6 minit, bilas dengan air sejuk, kupas dengan teliti. Rebus pasta dalam air mendidih selama 3 minit, tuangkan ke dalam penapis, bilas sebentar dengan sejuk, kemudian toskan.
6. Keluarkan cendawan dan combi-algae dari sup. Buang tangkai cendawan, cincang halus penutup cendawan, jangan guna combi-algae

lagi. Panaskan kuahnya (jangan rebus). Masukkan pes miso dan mirin, masukkan cendawan shiitake yang dicincang. Toskan daun bawang dalam colander. Kupas lobak pedas.

7. Bahagikan kuah dalam mangkuk. Masukkan buku jari babi, mee, telur separuh, bijan, halia, daun bawang dan rumpai laut nori. Hidangkan dengan banyak lobak pedas dan minyak bijan yang baru diparut.

9. Acar halia

bahan-bahan

- 200 gram halia
- 2 sudu kecil garam
- 120 mililiter cuka beras
- 2 sudu teh gula

persiapan

1. Mula-mula basuh dan kupas ubi halia. Kemudian potong menjadi kepingan yang sangat halus.
2. Campurkan hirisan halia dengan garam dalam mangkuk dan biarkan ia curam selama kira-

kira sejam. Kemudian sapu halia dengan kertas dapur.
3. Didihkan cuka beras dan gula dengan api sederhana supaya gula larut. Kemudian masukkan hirisan halia dan kacau rata.
4. Tuangkan halia bersama stok panas ke dalam gelas steril dan tutup rapat. Halia jeruk harus curam selama kira-kira seminggu sebelum boleh digunakan.

10. Mee ramen dengan sayur goreng

bahan-bahan

- 200 gram lobak merah
- 200 gram kembang kol
- 200 gram zucchini
- 2 sudu besar minyak zaitun
- garam
- 2 sudu besar biji bunga matahari
- 10 batang daun kucai
- 180 gram mee ramen (tanpa telur)
- 1 gelas ("Viva Aviv Dressing" untuk sayur-sayuran daripada Spice Nerds dan BRIGITTE; 165 ml)
- Lada (mungkin baru dikisar)

persiapan

1. Panaskan ketuhar hingga 220 darjah, udara beredar 200 darjah, paras gas 5.
2. Bersihkan dan basuh lobak merah, kembang kol dan zucchini dan potong 2-3 cm panjang. Campurkan dengan minyak zaitun dan ½ sudu teh garam dan letakkan di atas loyang yang dialas dengan kertas pembakar. Bakar dalam ketuhar panas selama kira-kira 18-20 minit.
3. Bakar biji bunga matahari dalam kuali tanpa lemak. Alih keluar. Basuh dan keringkan daun kucai, potong gulung. Masak pasta mengikut arahan pada paket. Panaskan kuah sayur.
4. Toskan pasta dan letakkan di atas pinggan dengan sayur-sayuran panggang. Tuangkan dressing ke atasnya, taburkan kucai dan biji bunga matahari. Perasakan dengan garam dan lada sulah jika perlu.

11. Mangkuk sushi asparagus dengan salmon

ketumbar

bahan-bahan

- 200 gram beras basmati (atau beras wangi)
- garam

sos

- 2 sudu besar (jus Yuzu, jus lemon Jepun, lihat maklumat produk, alternatif jus lemon)
- 3 sudu besar kicap
- 1 sudu teh minyak bijan (dipanggang)
- 1 sudu besar sos ikan
- 3 sudu besar ketjap manis
- ½ tandan daun kucai

- 90 gram cendawan shiitake (kecil)
- 100 gram lobak (kecil)
- 500 gram asparagus hijau
- ½ sudu kecil biji ketumbar
- 3 keping fillet salmon (100 g setiap satu, sedia untuk dimasak tanpa kulit atau tulang)
- Lada (baru dikisar)
- 2 sudu besar minyak
- 6 (bunga kucai)

persiapan

1. Masak nasi dalam air masin sedikit mengikut arahan pada peket atau dalam periuk nasi. Pastikan nasi yang dimasak tetap hangat.

Untuk sos

2. Campurkan jus yuzu, kicap, minyak bijan, sos ikan dan ketjap manis.
3. Bilas dan keringkan daun kucai, potong gulung. Bersihkan cendawan, potong pendek batangnya, potong cendawan yang lebih besar separuh. Bersihkan dan bilas lobak, potong lobak yang lebih besar menjadi kepingan.
4. Bilas asparagus, kupas sepertiga bahagian bawah, potong hujungnya. Masak asparagus

secara ringkas dalam air masin mendidih selama 3-4 minit. Toskan, potong kayu tebal separuh memanjang.

5. Hancurkan ketumbar dalam lesung. Perasakan kepingan salmon dengan garam, lada sulah dan ketumbar. Panaskan 1 sudu besar minyak dalam kuali bersalut. Goreng salmon di dalamnya dengan api yang tinggi selama 2-3 minit pada setiap sisi. Dalam 2 minit terakhir, masukkan 1 sudu besar minyak, masukkan cendawan dan goreng. Masukkan 2 sudu besar sos dan toskan semuanya sebentar.

6. Susun nasi, asparagus, lobak, cendawan dan salmon dalam mangkuk. Taburkan daun kucai dan beberapa kuntum kucai koyak. Siram dengan baki sos dan hidangkan.

12. Mee Chanterelle dengan mee konjac

bahan-bahan

- 250 gram chanterelles
- 300 gram radicchio
- 150 gram adas (baby fennel)
- 30 gram kacang pain
- 1 biji bawang merah
- 3 thyme
- 50 gram bacon
- Lada (baru dikisar)
- 200 biji mee (mee konjak, lihat maklumat produk)
- 2 sudu besar kicap ringan
- 1 sudu besar cuka wain beras
- 100 gram burrata (atau mozzarella)

persiapan

1. Bersihkan chanterelles. Bersihkan radicchio, basuh daun, putar kering dan potong menjadi jalur. Bersihkan dan basuh adas, potong menjadi kepingan yang sangat nipis atau potong menjadi kepingan dan perasakan dengan garam. Ketepikan sayur adas.
2. Bakar kacang pain dalam kuali tanpa lemak sehingga perang keemasan. Potong bawang merah dadu dan dadu halus. Basuh thyme, keringkan dan keluarkan daun dari batang.
3. Perlahan-lahan goreng bacon dalam kuali tanpa lemak dengan api sederhana. Keluarkan hirisan bacon dari kuali, toskan di atas kertas dapur dan panaskan.
4. Goreng kiub bawang merah dalam lemak panas dari bacon, tambah chanterelles dan thyme dan goreng mereka panas. Perasakan dengan garam dan lada sulah.
5. Masukkan pasta ke dalam colander, bilas dengan teliti dengan air sejuk dan sediakan mengikut arahan pada paket. Campurkan pasta dan jalur radicchio yang telah ditoskan dengan kicap dan cuka, masukkan ke dalam cendawan dan hidangkan bersama burrata

dan hirisan bacon. Taburkan kacang pain, lada yang baru dikisar dan sayur adas dan hidangkan segera.

13. Tauhu sup miso dengan mee soba

bahan-bahan

- Soba (mi soba: spageti yang diperbuat daripada soba dan gandum)
- 2 sudu teh minyak bijan (dipanggang)
- 1 sudu besar bijan

- 4 biji bawang besar
- 2 biji timun mini
- 100 gram daun bayam
- 200 gram tauhu
- $1\frac{1}{4}$ liter stok sayuran
- 1 keping halia (lebih kurang 20 g)
- 2 sudu kecil (alga wakame segera)
- $2\frac{1}{2}$ sudu besar Shiro miso (tampal dari pasaran organik atau Asia)
- Daun ketumbar (untuk hiasan)

persiapan

1. Masak mee soba mengikut arahan pada peket. Tuang ke dalam ayak, toskan sebati dan gaulkan dengan minyak bijan. Bakar biji bijan dalam kuali tidak melekat sehingga perang keemasan. Ambilnya dari dapur dan biarkan ia sejuk.
2. Bersihkan dan basuh bawang besar, potong bahagian putih dan hijau muda menjadi cincin halus. Basuh timun dan potong sebatang lebih kurang 3 cm panjang. Susun bayam, basuh dan goncang hingga kering, buang tangkai yang kasar. Keringkan tauhu dan potong 2 cm kiub.

3. Didihkan kuahnya dalam periuk. Kupas halia dan potong menjadi kepingan, masukkan ke dalam sup dengan rumpai laut dan reneh selama kira-kira 2 minit. Campurkan pes miso dengan 5 sudu besar air sehingga rata, masukkan ke dalam sup dan biarkan mendidih selama 5 minit lagi. Kemudian masukkan tauhu, bawang besar dan timun ke dalam sup dan biarkan mendidih.
4. Untuk menghidangkan, basuh ketumbar dan goncang hingga kering. Sapukan mee soba dan bayam dalam mangkuk atau cawan dan tuangkan sup mendidih ke atasnya. Taburkan bijan yang telah dibakar dan daun ketumbar di atasnya. Hidangkan segera.

14. Gyozas

bahan-bahan

Pengisian

- 200 gram daging babi cincang (sebaik-baiknya organik)
- 10 gram shitake kering
- 10 gram cendawan kering (Mu-Err mushroom)
- 50 gram lobak merah
- ½ bawang merah
- 1 ulas bawang putih
- 7 sudu besar minyak

- 1 sudu besar sos ikan (kedai atau pasar raya Asia)
- garam
- Lada (baru dikisar)

sos

- 30 mililiter cuka beras (hitam)
- 50 mililiter kicap
- 24 (lembaran doh gyoza beku, lebih kurang 120 g;)

persiapan

Untuk Pengisian

1. Keluarkan daging cincang dari peti sejuk kira-kira 30 minit sebelum memasak. Rendam kedua-dua jenis cendawan dalam air suam selama kira-kira 30 minit.

untuk sos

2. Campurkan cuka beras hitam dan kicap dan ketepikan.
3. Bersihkan, kupas dan parut lobak merah. Toskan cendawan yang telah direndam, perah hingga sebati dan potong batangnya.

Cincang halus penutup. Kupas bawang merah dan bawang putih dan potong halus.

4. Panaskan 3 sudu besar minyak dalam kuali non-stick, goreng cendawan, bawang besar dan bawang putih selama 5 minit. Kemudian biarkan ia sejuk. Uli daging cincang bersama bancuhan cendawan dan lobak merah parut dan perasakan dengan sos ikan, sedikit garam dan lada sulah.

5. Cairkan daun gyoza. Ambil hanya 1 pastri puff dari tindanan dan letakkan kira-kira 11/2 sudu teh inti di tengah. Sapu tepi doh di sekeliling dengan sedikit air sejuk, lipat separuh bahagian bawah doh ke atas inti dan picit dalam bentuk gelombang di sebelah. Lakukan perkara yang sama dengan baki inti dan kepingan pastri, hanya gunakan 1 helai pada satu masa supaya pastri nipis tidak kering, sediakan sebanyak 24 Gyozas.

6. Panaskan 2-3 sudu besar minyak dalam kuali besar tidak melekat. Goreng kira-kira 12 ladu dengan jahitan beralun menghadap ke atas selama 2 minit dengan api besar sehingga garing. Kemudian masak, bertutup, dengan api kecil hingga sederhana selama kira-kira 4-5 minit.

7. Berhati-hati mengeluarkan ladu yang telah siap dari bahagian bawah kuali dan pastikan ia hangat. Lakukan perkara yang sama dengan gyoza yang tinggal. Hidangkan gyoza dengan sos.

15. Salad asparagus dengan tataki daging lembu

bahan-bahan

Tataki

- 400 gram fillet daging lembu (sebaik-baiknya organik)
- 1 sudu teh minyak bijan (dipanggang)
- 3 sudu besar kicap
- 30 gram mentega clarified

Berpakaian

- 2 biji bawang merah
- 200 mililiter sup sayur-sayuran
- 5 sudu besar jus limau nipis
- 5 sudu besar minyak (cth minyak kacang)
- 2 sudu teh minyak bijan (dipanggang)
- 1 sudu teh wasabi

- Lada (baru dikisar)
- 1 sudu teh sirap halia

salad

- 1 kilogram petua asparagus (berwarna, sebagai alternatif tangkai asparagus hijau dan putih)
- 100 gram cendawan shiitake
- 100 gram cendawan perang
- garam
- 20 gram mentega
- 1 sudu teh gula
- 1 kumpulan roket
- 1 sudu kecil bijan

persiapan

Untuk The Tataki

1. Keringkan daging dengan kertas dapur. Campurkan minyak bijan dan kicap dan sapu daging dengannya. Balut dalam filem berpaut dan biarkan berehat di dalam peti sejuk selama kira-kira 2 jam.
2. Keluarkan daging dari kerajang dan biarkan ia berehat dan disejukkan pada suhu bilik selama 30 minit. Panaskan mentega yang

telah dijernihkan dalam kuali dan goreng daging di semua sisi. Kemudian keluarkan dari kuali, balut dengan aluminium foil dan biarkan ia sejuk sepenuhnya. Kemudian potong daging menjadi kepingan yang sangat nipis dan letakkan di atas salad untuk dihidangkan.

Untuk Dressing

1. Kupas dan potong dadu bawang merah. Didihkan kuahnya dan masak kiub bawang merah di dalamnya selama kira-kira 1 minit. Masukkan jus limau nipis, kacang tanah dan minyak bijan, wasabi, lada sulah dan sirap halia. Perasakan sos secukup rasa dan ketepikan.

Untuk Salad

2. Bilas hujung asparagus dan potong pendek hujungnya. Kupas seluruh tangkai asparagus dan potong 2-3 cm panjang. Keluarkan batang dari cendawan shiitake dan potong penutup menjadi kepingan. Bersihkan cendawan dan potong empat atau lapan, bergantung pada saiznya.
3. Didihkan air yang banyak, sedikit garam, mentega dan gula. Masak asparagus di

dalamnya selama 4-6 minit. Masukkan cendawan shiitake dan masak selama satu minit lagi. Kacau 2-3 sudu besar air asparagus ke dalam pembalut. Toskan asparagus dan cendawan shiitake, toskan sebentar dan gaul rata dengan dressing hangat. Biarkan ia curam selama kira-kira 1 jam.

4. Susun roket, bilas, goncang kering dan lipat ke dalam asparagus dengan cendawan. Perasakan salad sekali lagi dengan garam dan lada sulah. Susun hirisan daging pada salad.

5. Bakar bijan dalam kuali sehingga perang keemasan, angkat. Taburkan dengan sedikit lada sulah di atas salad dan hidangkan.

16. Aiskrim matcha

bahan-bahan

- 2 sudu besar matcha (serbuk teh matcha)
- 140 gram gula
- Kuning telur organik ke-4
- 200 mililiter susu
- 200 gram krim putar
- 200 gram beri biru
- Matcha (serbuk teh Matcha untuk habuk)

persiapan

1. Campurkan serbuk matcha dan 2 sudu besar gula. Pukul kuning telur dan baki gula dengan

pengadun tangan selama sekurang-kurangnya 5 minit sehingga ringan dan berkrim.
2. Panaskan susu dengan berhati-hati dalam periuk (sehingga kira-kira 80 darjah), kemudian masukkan beberapa sudu susu ke dalam adunan serbuk teh tanpa menggunakan api lagi dan kacau rata supaya tiada ketulan kelihatan. Kemudian masukkan pes teh ke baki susu suam dan kacau rata.
3. Masukkan krim kuning telur ke dalam adunan susu matcha, kacau rata dan biarkan sejuk. Pukul krim sehingga kaku dan lipat.
4. Tuangkan adunan ke dalam pembuat aiskrim yang sedang berjalan dan biarkan ia membeku selama 30 minit sehingga berkrim.
5. Tanpa mesin ais, tuangkan krim ke dalam acuan logam dan letakkan di dalam peti sejuk.
6. Selepas 30 minit kacau adunan sebentar, bekukan semula dan kacau rata lagi selepas 1 jam. Kemudian masukkan semula ke dalam peti sejuk selama sekurang-kurangnya 2 jam.
7. Susun beri biru, bilas dan toskan dengan baik pada tuala kertas. Bentuk ais krim menjadi bebola dengan sudu ais krim dan hidangkan bersama beri biru.

8. Hidangkan ditaburkan dengan sedikit serbuk teh.

17. Matcha latte

bahan-bahan

- 1 sudu teh matcha (serbuk teh matcha)
- 400 mililiter susu (sebagai alternatif susu soya atau badam)
- Matcha (serbuk teh Matcha untuk habuk)

persiapan

1. Tuangkan serbuk matcha ke dalam mangkuk dengan 100 ml air panas dan pukul sehingga berbuih dengan pukul buluh untuk teh matcha (atau gunakan pukul kecil).
2. Bahagikan teh antara 2 gelas.
3. Panaskan susu (jangan mendidih) dan pukul dengan pembuih susu hingga berkrim.
4. Perlahan-lahan tuangkan susu ke dalam teh. Taburkan dengan sedikit serbuk matcha dan hidangkan matcha latte dengan segera.

18. Roti ramen

bahan-bahan

- 500 gram kepak ayam (sebaik-baiknya organik)
- 800 gram perut babi (segar, lebih baik organik)
- 80 gram halia
- 4 ulas bawang putih
- 1 batang daun bawang
- 500 gram lobak merah
- 100 mililiter kicap
- 100 mililiter mirin (wain beras untuk memasak)

- garam
- 25 gram mentega (sejuk)

Kombu Dashi (Cendawan Alga Lembut)

- 1 keping rumpai laut (rumpai laut kombu, rumpai laut kering, kira-kira 8 g)
- 4 shitake kering (25 g)

persiapan

1. Panaskan ketuhar hingga 220 darjah, 200 darjah dengan bantuan kipas, tanda gas 5.
2. Bilas kepak ayam, keringkan dan ratakan di atas loyang. Panggang di atas rak atas dalam ketuhar selama kira-kira 30 minit sehingga perang keemasan. Letakkan perut babi dalam colander dan letakkan dalam mangkuk besar atau dalam sinki. Tuangkan air mendidih ke atas daging (untuk mengelakkan kemungkinan kekeruhan dalam stok kemudian).
3. Kupas halia dan potong menjadi kepingan. Tekan bawang putih pada permukaan kerja dan keluarkan kulitnya. Bersihkan daun bawang, bilas dan potong kiub kecil. Kupas lobak merah dan potong dadu juga.
4. Masukkan sayur-sayuran yang disediakan, sayap ayam panggang dan perut babi dalam

periuk besar atau kuali panggang. Tuangkan 3-3.5 liter air sejuk (cukup untuk menutup semuanya dengan baik), kicap dan mirin dan perasakan dengan 1 sudu teh garam. Didihkan perlahan-lahan dengan api sederhana, kemudian renehkan perlahan-lahan selama kira-kira 3 jam tanpa penutup. Skim jika buih terbentuk.

Untuk Kombu Dashi

1. Belah separuh alga kombu dan rendam dalam air panas selama kira-kira 10 minit. Rendam sebentar shitake dalam air suam.
2. Keluarkan kombu dan shiitake dari air. Reneh bersama dalam periuk kecil dengan 250 ml air dengan api yang rendah hingga sederhana selama kira-kira 20 minit; jangan rebus berbuih, jika tidak rasa boleh menjadi masam.
3. Tuangkan stok alga melalui ayak halus dan ketepikan (menjadikan kira-kira 140 ml). Jangan teruskan menggunakan shiitake dan kombu.

4. Keluarkan perut babi dari sup daging, mungkin gunakannya untuk "ramen dengan perut babi dan telur". Keluarkan sayap juga (lihat petua). Tuangkan sup melalui colander yang dialas dengan kain kasa.
5. Panaskan kuahnya lagi, masukkan mentega dan kacau kuat-kuat dengan whisk. Kemudian tuangkan kombu dashi, perasakan secukup rasa dan teruskan guna.

19. Ramen dengan Ayam dan Labu

bahan-bahan

- 400 gram fillet dada ayam (sebaik-baiknya organik)
- sudu besar kicap (sos bijan kicap)
- sudu besar sos cili
- 3 sudu besar bijan
- ½ sudu teh garam
- 40 gram halia
- 250 gram Hokkaido
- ½ tandan ketumbar
- 1 ⅓ liter sup (sup ramen)

- 250 gram soba (diperbuat daripada soba atau mi ramen gandum)
- 3 sudu besar miso (pes ringan, 75 g)

persiapan

1. Bilas isi dada ayam, keringkan dan sapu dengan 2 sudu besar sos setiap satu. Tutup dan sejukkan pada suhu bilik selama sekurang-kurangnya 2 jam, sebaik-baiknya semalaman.
2. Bakar bijan dan garam dalam kuali sehingga perang keemasan, angkat.
3. Kupas halia dan potong menjadi jalur yang sangat halus. Basuh dan bersihkan labu dengan baik dan potong setebal kira-kira 1/2 cm. Jika perlu, potong jurang yang besar kepada separuh. Basuh ketumbar, keringkan dan petik daun dari batangnya.
4. Didihkan air rebusan dan renehkan isi ayam dengan api perlahan selama 15-20 minit. Keluarkan daging dari kuahnya, tutup dan biarkan seketika.
5. Masukkan hirisan labu dan halia ke dalam stok panas, tutup dan masak selama kira-kira 7 minit. Keluarkan labu dan halia dengan senduk berlubang dan panaskan.

6. Rebus pasta dalam air mengikut arahan pada pakej, longkang. Masukkan miso ke dalam kuah panas dan gaul sebentar dengan pengisar tangan. Potong fillet ayam menjadi kepingan nipis.

7. Letakkan 1-2 sudu besar setiap dua sos perasa dalam 4 mangkuk sup yang telah dipanaskan. Sapukan pasta, ayam, labu dan halia pada mangkuk dan tuangkan sup miso panas. Taburkan garam bijan dan daun ketumbar di atas dan hidangkan. Jika suka, anda boleh perasakan sup dengan dua sos.

20. Ramen dengan cendawan, tauhu dan kimchi

bahan-bahan

- 300 gram tauhu (lembut)
- 6 sudu besar kicap (sos bijan)
- 6 sudu besar sos cili
- 1 tandan daun kucai
- 1 ⅓ liter sup (sup ramen)
- 100 gram cendawan perang (atau cendawan shiitake)
- 250 gram mi ramen (atau mi udon tebal, diperbuat daripada gandum)
- 100 Gram sayur-sayuran (kimchi, sayur jeruk Korea)

- 1 sudu besar bijan hitam

persiapan

1. Potong tauhu kepada kiub 2 cm, campurkan dengan 2 sudu setiap sos dan biarkan selama sekurang-kurangnya 10 minit. Bilas daun kucai, keringkan dan potong sepanjang 3-4 cm.
2. Didihkan kuahnya. Bersihkan cendawan, potong spesimen kecil secara bersilang pada penutup cendawan, belah dua atau empat bahagian yang lebih besar. Masukkan cendawan ke dalam sup dan reneh dengan api sederhana selama kira-kira 10 minit. Masukkan tauhu ke dalam sup dan panaskan di dalamnya. Masak pasta mengikut arahan pada paket dan toskan.
3. Toskan kimchi, potong bersaiz kecil dan bahagikan antara 4 mangkuk sup yang telah dipanaskan. Tuangkan 1 sudu besar sos pedas ke atasnya dan edarkan mi pada mangkuk.
4. Edarkan juga cendawan, tauhu dan stok pada mangkuk. Hidangkan ditabur dengan daun kucai dan bijan. Jika suka, anda boleh perasakan sup dengan dua sos.

21. Ramen dengan perut babi dan telur

bahan-bahan

- 4 biji telur organik
- 9 sudu besar kicap (sos bijan kicap)
- 200 gram lobak (putih)
- 1 sudu teh mentega
- 3 sudu besar serbuk roti (segar atau panko, serbuk roti Jepun)
- 1 secubit garam
- 3 biji bawang besar
- 800 gram perut babi (sejuk, masak)
- sudu besar sos cili
- 250 gram mee ramen

- 1 ⅓ liter sup (sup ramen)
- 1 sudu kecil cili (Togarashi, campuran cili Jepun atau separuh campuran kepingan cili dan bijan hitam)

persiapan

1. Panaskan ketuhar hingga 200 darjah, udara beredar 180 darjah, paras gas 4.
2. Pecahkan telur dan masak dalam air selama kira-kira 7 minit sehingga ia menjadi lilin. Toskan, bilas dengan air sejuk dan kupas. Tuangkan 3-4 sudu besar sos bijan kicap ke atas telur dan biarkan ia curam selama sekurang-kurangnya 30 minit.
3. Kupas dan parut kasar lobak. Panaskan mentega dalam kuali, bakar serbuk roti dan garam sehingga perang keemasan. Bersihkan dan basuh bawang besar, potong cincin halus.
4. Keluarkan kulit dan mungkin sedikit lemak dari perut babi. Potong perut menjadi kepingan setebal 1 cm, masukkan ke dalam loyang, gerimis dengan 2-3 sudu besar soya, bijan dan 2 sudu besar sos cili. Letakkan dalam ketuhar panas selama kira-kira 10 minit.

5. Masak mee ramen mengikut arahan pakej dan toskan. Didihkan air rebusan ramen. Belah separuh telur.
6. Masukkan 1 sudu besar setiap bijan soya dan sos cili dalam 4 mangkuk sup yang telah dipanaskan. Sapukan pasta pada mangkuk dan isi dengan sup panas. Sapukan perut babi, separuh telur, lobak dan daun bawang di atasnya. Taburkan dengan serbuk roti dan mungkin togarashi dan hidangkan segera.

22. Radicchio Fittata dengan surimi

bahan-bahan

- 1 biji bawang merah (60g, dihiris halus)
- 1 ulas bawang putih (kisar)
- 2 sudu teh minyak zaitun
- 80 gram radicchio (dihiris nipis)
- 2 biji telur organik (saiz M)
- 50 gram keju kotej rendah lemak
- 1 sudu besar parmesan (parut)
- garam
- Lada (baru dikisar)
- 20 gram caper (halus)
- 60 gram tomato ceri (dibelah dua)

- 3 keping surimi (batang, 50 g)
- Daun herba (mungkin beberapa daun hijau)

persiapan

1. Panaskan ketuhar hingga 180 darjah, udara beredar 160 darjah, paras gas 3.
2. Tumis bawang merah dan bawang putih dalam kuali non-stick dalam minyak zaitun. Masukkan radicchio dan masak selama 2-3 minit.
3. Campurkan telur, quark, parmesan, garam dan lada sulah bersama-sama. Tuangkan adunan telur ke atas sayur-sayuran dan kacau rata dalam kuali. Taburkan dengan caper dan biarkan telur mengembang dengan api perlahan selama kira-kira 2-3 minit. Bakar frittata dalam ketuhar pada rak tengah selama 15-20 minit. Jika perlu, bungkus pemegang kuali dengan kerajang aluminium.
4. Keluarkan frittata dan hidangkan bersama tomato, surimi dan mungkin beberapa daun herba.

23. Ikan salmon panggang dengan sos teriyaki

bahan-bahan

- 4 keping stik salmon (lebih kurang 250g setiap satu)
- 2 sudu teh gula
- 2 sudu besar sake (sebagai alternatif wain putih atau sherry ringan)
- 2 sudu besar wain beras (mirin)
- 4 sudu besar kicap (Jepun)
- 1 pek cress
- 1 keping lobak (lebih kurang 15 cm, putih, parut)
- Minyak untuk menggoreng)

persiapan

1. Sapukan stik salmon dan keluarkan kulit dan tulangnya.
2. Untuk sos teriyaki, kacau bersama gula, sake, wain beras dan kicap sehingga gula larut (panaskan sedikit jika perlu).
3. Letakkan salmon dalam sos selama kira-kira 10 minit dan putar dengan kerap.
4. Penyediaan di atas panggangan: Toskan ikan dan panggang di atas rak dawai selama kira-kira 3 minit pada setiap sisi. Lumurkan baki perapan ke atas ikan.
5. Penyediaan dalam kuali: Panaskan minyak dan goreng ikan selama kira-kira 3 minit pada setiap sisi. Tuangkan lebihan minyak, panaskan baki perapan dalam kuali dan rendam salmon dalam sos selama beberapa minit.
6. Susun salmon dengan baki perapan pada empat pinggan. Hiaskan dengan selada yang telah dibersihkan dan lobak parut.

24. Fillet dada ayam sayu

bahan-bahan

- 2 fillet dada ayam (lebih kurang 400 g; idealnya organik)
- 1 keping halia (segar, 2 cm)
- 1 ulas bawang putih
- 150 mililiter wain beras (manis, mirin; alternatif sherry)
- 150 mililiter kicap (Jepun)
- 3 sudu besar gula perang
- garam
- 3 sudu besar minyak bijan
- 1½ sudu besar kacang tanah (tanpa garam)

persiapan

1. Bilas isi ayam dan keringkan. Kupas dan parut halia atau tekan melalui penekan bawang putih. Kupas dan hancurkan ulas bawang putih. Campurkan halia dan bawang putih dengan wain beras, kicap, gula, secubit garam dan 1 sudu teh minyak bijan.
2. Masukkan daging ke dalam mangkuk kecil dan tutup dengan bahan perapan. Tutup dan biarkan berehat di dalam peti sejuk selama sekurang-kurangnya 3 jam, sebaik-baiknya semalaman. Balikkan daging sekali jika perlu.
3. Keluarkan dada ayam dari bahan perapan dan toskan dengan baik. Panaskan baki minyak dalam kuali kecil dan goreng fillet selama 2-3 minit pada setiap sisi. Toskan minyak dan masukkan perapan ke dalam daging dalam kuali.
4. Reneh dalam kuali tertutup dengan api perlahan selama kira-kira 20 minit. Keluarkan tudung dan biarkan daging mendidih dalam kuali terbuka selama 5 minit lagi sehingga sos telah mendidih seperti sirap.
5. Potong fillet dan hidangkan di atas nasi dan sayur-sayuran. Cincang kasar kacang tanah

dan taburkan ke atas daging. Siram sedikit sos di atasnya.

25. Mee soba dengan tauhu bijan

bahan-bahan

- 10 gram halia (segar)
- 4 sudu besar kicap (neraka)
- 300 gram tauhu
- 2 daikon cress (lebih kurang 40 g; lihat petua)
- 300 gram soba

- 1 tin kacang
- 3 sudu besar bijan (neraka)
- 4 sudu besar minyak kacang tanah
- 4 sudu besar sos kacang (hitam, lihat petua)
- Lada (baru dikisar)
- 1 biji limau nipis

persiapan

1. Kupas halia, potong dadu halus dan gaulkan dengan kicap. Toskan tauhu, keringkan dan potong 6 bahagian. Belah separuh hirisan secara menyerong dan perap dalam sos halia kicap selama 10 minit, pusing sekali. Potong selada daikon dari katil dengan gunting, bilas dan keringkan.

2. Masak mee soba dalam banyak air mendidih selama kira-kira 3 minit, kacau sekali-sekala, sehingga ia pejal untuk digigit. Tuangkan ke dalam ayak dan kumpulkan 100 ml air pasta. Bilas pasta dengan air sejuk dan toskan dengan baik. Masukkan kacang hitam ke dalam colander, bilas dengan air sejuk dan toskan dengan baik. Keluarkan hirisan tauhu dari bahan perapan, toskan dan masukkan bijan. Ketepikan. Panaskan 2 sudu besar minyak dalam kuali besar tidak melekat dan

goreng hirisan tauhu di kedua-dua belah dengan api sederhana. Ketepikan tauhu dan panaskan.

3. Panaskan baki minyak dalam kuali atau kuali besar tidak melekat dan goreng kacang sebentar dengan api sederhana. Masukkan sos kacang dan reneh selama 1 minit. Masukkan pasta dan masak selama 1-2 minit lagi, kacau, tuangkan air pasta secara beransur-ansur. Lada. Susun pasta, tauhu dan cress dan hidangkan bersama limau nipis.

26. California gulung dengan udang

bahan-bahan

- 250 gram nasi sushi
- 5 sudu besar cuka beras
- 1 sudu besar gula
- 1 sudu teh garam
- 100 gram udang beku (dimasak, dikupas dan dibuang)
- 1 buah alpukat (masak)
- 4 nori (helaian rumpai laut kering)
- 1 sudu teh wasabi (pes lobak pedas Jepun)
- 2½ sudu besar mayonis
- 7 sudu besar bijan

persiapan

1. Bilas beras dalam colander sehingga airnya jernih. Didihkan beras dan 300 ml air, masak selama 2 minit dan tutup dengan plat panas yang dimatikan, rendam selama kira-kira 15 minit. Panaskan cuka, gula dan garam sambil dikacau supaya gula larut.
2. Masukkan nasi yang telah dimasak ke dalam mangkuk kaca dan tuangkan campuran cuka ke atasnya. Bekerja dengan spatula selama kira-kira 2 minit (putar lagi dan lagi) supaya campuran cuka diedarkan dengan baik dan nasi sejuk sedikit. Tutup nasi dan ketepikan.
3. Cairkan udang, bilas jika perlu, keringkan dan potong separuh memanjang. Batu dan kupas alpukat dan potong daging menjadi kayu sepanjang kira-kira 1 x 4 cm. Hamparkan tikar buluh untuk gulungan sushi di atas permukaan kerja dan lembapkannya dengan baik. Basahkan tangan anda dan ratakan 1/4 daripada beras di atas tikar (kira-kira 1/2 cm tebal). Letakkan 1 helai nori di atas (dengan bahagian kasar di atas nasi). Sapukan nipis dengan sedikit wasabi dan mayonis. Di tengah-tengah daun, letakkan

"jalan" sempit dengan batang alpukat dan udang.

4. Gulungkan nasi dengan tikar dengan kuat dari satu sisi. Gulungkan setiap gulung di bawah 2 sudu besar biji bijan, bungkus dalam filem berpaut dan letakkan di dalam peti sejuk. Teruskan dengan cara ini sehingga semua 4 gulung selesai. Buka gulungan kerajang dan potong setiap satunya menjadi 6 bahagian dengan pisau tajam. Sebaiknya celupkan pisau ke dalam air panas terlebih dahulu supaya nasi tidak melekat padanya.

27. Sushi bakar

bahan-bahan

- 100 Gram doh tempura (dari kedai Asia)
- 1 biji telur
- 50 mililiter kicap
- 50 mililiter Ketjap manis (kicap manis Indonesia)
- 1 Sudu besar gula
- 200 Gram fillet salmon (sangat segar; kualiti sushi)
- 4 biji bawang besar
- 3 buah Nori (rumpai laut kering)
- 1 Resipi nasi sushi (lihat tip)

- 1 sudu besar wasabi (pes lobak pedas hijau)
- ½ Liter minyak (untuk menggoreng dalam, neutral)

persiapan

1. Campurkan serbuk doh tempura bersama telur dan 75 ml air hingga rata dan ketepikan hingga kembang. Didihkan kicap, ketjap manis dan gula dan kurangkan hingga paras sirap lebih kurang 4 minit. Ketepikan.
2. Bilas salmon dengan air sejuk, keringkan dan potong menjadi jalur setebal 5 mm. Bersihkan dan bilas bawang besar dan keluarkan hijau gelap. Potong bawang besar menjadi jalur panjang. Separuh helaian nori.
3. Letakkan sekeping filem berpaut di atas tikar buluh dan separuh helaian nori di atasnya. Basahkan tangan dengan air. Sapukan sedikit nasi sushi setinggi hampir 1 cm pada helaian rumpai laut. Biarkan 1 cm bebas di bahagian atas. Jangan tekan nasi terlalu kuat.
4. Sapukan jalur panjang wasabi (berhati-hati, sangat tajam!) Pada bahagian ketiga bawah. Letakkan salmon dan daun bawang di atas. Menggunakan tikar buluh, gulungkan inti

dengan helaian nori dan bungkus filem berpaut di sekeliling gulungan. Tekan gulungan ke tempatnya dengan tikar. Bentuk bahan-bahan lain menjadi 5 gulung lagi seperti yang diterangkan. Potong gulung kepada 4 kepingan genap dengan pisau tajam yang dicelup berulang kali dalam air sejuk.

5. Panaskan minyak dalam periuk kecil dan tinggi (suhunya sesuai jika gelembung kecil terbentuk pada pemegang sudu kayu yang dicelup dalam minyak panas). Celupkan kepingan sushi dalam bahagian dalam adunan tempura, toskan sebentar dan bakar segera dalam minyak panas selama lebih kurang 2 minit sehingga perang keemasan. Toskan sebentar pada tuala kertas. Hidangkan sushi goreng bersama sos masak.

28. Maki sushi dengan tuna dan timun

bahan-bahan

- 1 keping timun (100 g)
- 100 gram tuna (sangat segar)
- 3 buah Nori (rumpai laut kering)
- 1 Resipi nasi sushi (resepi asas nasi sushi)
- 2 sudu besar wasabi (pes lobak pedas hijau)

persiapan

1. Kupas timun dan potong separuh memanjang. Keluarkan biji dengan sudu dan potong timun memanjang menjadi jalur. Potong tuna

menjadi jalur setebal 5 mm. Belah separuh helaian nori.

Sushi gulung:

2. Untuk melakukan ini, letakkan filem berpaut pada tikar buluh dan separuh helaian nori di atasnya. Basahkan tangan dengan air. Sapukan sedikit nasi sushi setinggi hampir 1 cm pada helaian nori, biarkan 1 cm bebas di bahagian atas. Jangan tekan nasi terlalu kuat. Letakkan jalur nipis wasabi pada bahagian ketiga bahagian bawah daun (berhati-hati, ia sangat panas!). Letakkan timun atau tuna di atas.
3. Menggunakan tikar buluh, gulungkan inti dengan helaian nori dengan berhati-hati, bungkus filem berpaut di sekeliling gulungan. Tekan gulungan ke tempatnya dengan tikar. Tekan gulungan sedikit rata pada satu sisi yang panjang dengan tangan anda, ini akan memberikan gulung bentuk titisan air mata mereka kemudian.)
4. Buat 5 gulung lagi seperti yang diterangkan. Potong gulung kepada 8 kepingan genap dengan pisau tajam yang berulang kali dicelup dalam air sejuk.

29. Ikan trout dengan kaviar keta pada cendawan enoki

bahan-bahan

- 200 Gram fillet trout (sangat segar, tanpa kulit)
- 100 Gram cendawan enoki (kedai Asia, sebagai alternatif cendawan dalam kepingan nipis atau jalur lobak)
- 100 Gram keta
- 1 sudu besar wasabi (pes lobak pedas hijau)
- kicap

persiapan

1. Bilas isi ikan trout, keringkan dan potong menjadi kepingan. Potong cendawan enoki dari akar dalam tandan dan letakkan di atas pinggan. Letakkan ikan di atas cendawan dan sapukan kaviar trout di atasnya. Letakkan secubit wasabi pada setiap kepingan trout. Hidangkan ikan sejuk sejuk bersama kicap.

30. Tapak pada limau dengan kuning telur

bahan-bahan

- ½ lemon organik
- 150 gram fillet tunggal (sangat segar)
- 1 selada bit (atau selada taman)

persiapan

1. Rebus telur dengan kuat dalam 10 minit, bilas dengan air sejuk dan keluarkan kulitnya. Keluarkan kuning telur dengan berhati-hati dan tapis melalui ayak (jika tidak gunakan putih telur).

2. Bilas lemon dengan air panas, belah dua dan potong menjadi kepingan yang sangat nipis. Letakkan hirisan lemon di atas pinggan. Bilas ikan dalam air sejuk, keringkan dan potong menjadi kepingan nipis. Susun hirisan pada lemon. Potong selada dari katil. Letakkan kuning telur dan selada di atas ikan.

HIDANGAN UTAMA

31. Salmon alpine dalam perapan Jepun

bahan-bahan

- 1 pc. Fillet salmon alpine (600-800g)
- 2 biji bawang merah
- 15 g halia
- 15 g bawang putih
- 1 pod (s) cili
- 15 biji ketumbar
- 1 batang (s) serai

- 1 biji limau nipis (hanya kulit yang dikupas nipis)
- 1 keping. Daun limau
- 75 gram gula
- 200 ml kicap
- 15 g daun ketumbar (segar)

persiapan

1. Untuk salmon alpine dalam perapan Jepun, cincang halus bawang merah bersama halia, bawang putih dan cili dan panggang bersama-sama dengan biji ketumbar dalam sedikit minyak kacang tanpa bawang bertukar warna. Masukkan gula dan biarkan ia menjadi karamel. Deglaze dengan kicap.
2. Masukkan serai bersama kulit limau nipis dan daun limau nipis dan kecilkan sehingga adunan sedikit pekat. Sejukkan dan masukkan daun ketumbar yang baru dicincang.
3. Basuh fillet dan potong kulit bersih dengan pisau tajam. Kemudian potong fillet secara bersilang menjadi lebih kurang. hirisan tebal 3 mm. Letakkan ini di atas dulang pembakar dan tuangkan perapan ke atasnya.

4. Salmon alpine dalam perapan Jepun menghasilkan aroma terbaik dan konsistensi yang ideal selepas lebih kurang. 3 jam.

32. Salmon alpine dalam perapan Jepun

bahan-bahan

- 300-400 g salmon, tuna, butterfish dan / atau ikan kod
- beberapa batang surimi (batang ketam)
- 1/2 buah alpukat

- Jus lemon
- 1 timun (kecil)
- Lobak (putih dan lobak merah)
- Halia (acar, secukup rasa)
- Untuk sos pencicah:
- kicap
- Wain perjalanan

persiapan

1. Gunakan pisau tajam untuk memotong isi ikan - dibuang tulang dengan teliti jika perlu - menjadi kepingan atau kepingan bersaiz gigitan dan letakkan di tempat yang sejuk. Kupas separuh alpukat, potong pulpa menjadi jalur dan perap segera dengan sedikit jus lemon. Juga potong atau parut timun, lobak dan lobak merah yang dikupas menjadi jalur yang sangat halus. Cairkan kicap dengan sedikit wain beras dan bahagikan kepada mangkuk kecil. Susun kepingan ikan dan batang surimi secara hiasan di atas pinggan. Hiaskan dengan sayur-sayuran yang telah disediakan dan hidangkan bersama kicap dan pes wasabi. Di meja, kacau lebih kurang pes wasabi ke dalam kicap. Sekarang celup

sekeping ikan dalam kicap dan nikmati dengan beberapa sayuran.

33. Yaki Udon dengan Dada Ayam

bahan-bahan

- 200 g yaki udon (mee gandum tebal)
- 300 g campuran sayur tumis
- 200 g fillet dada ayam
- 1 sudu kecil minyak bijan
- 4 sudu besar minyak bunga matahari
- 1/2 sudu kecil cili bawang putih (bawang putih campur cili cincang)
- 1 keping (2 cm) halia segar
- 2 sudu besar kicap
- 1 sudu besar gula
- 1 sudu kecil bijan untuk hiasan

persiapan

1. Untuk yaki udon, masak air sehingga mendidih dan masak mee di dalamnya selama kira-kira 5 minit. Tapis, bilas dalam air sejuk dan toskan.
2. Potong fillet ayam dan sayur-sayuran yang telah dibersihkan menjadi jalur selebar jari, potong halia.
3. Panaskan kuali atau kuali berat, tuangkan minyak bijan dan bunga matahari dan panaskan. Goreng jalur sayuran dan daging di dalamnya. Masukkan cili bawang putih, gula, kicap dan halia dan goreng selama 3 minit. Masukkan pasta dan goreng sekejap juga.
4. Susun yaki udon dalam mangkuk dan taburkan bijan sebelum dihidangkan.

34. Perut babi rebus

bahan-bahan

- 550 g perut babi (tanpa tulang, tetapi dengan lapisan daging yang bagus)
- 1 keping halia (3 cm)
- 2 ulas bawang putih
- 1 biji bawang
- 1000 ml Pencuci (kalt)
- Lobak bir (untuk hiasan seperti yang dikehendaki)

Untuk sos:

- 100 ml kicap
- 5 sudu besar Mirin (sebagai alternatif wain port)

- 1 keping halia (2 cm, dicincang kasar)
- 5 sudu besar gula
- 1 EL Minyak bijan
- 3 sudu besar minyak sayuran
- 50 ml Japanese Dashi (atau 1/2 sudu teh serbuk Hondashi)

persiapan

1. Untuk perut babi yang telah dimasak, letakkan air sejuk bersama halia, bawang putih, bawang merah dan daging di atasnya dan biarkan mendidih. Kemudian reneh selama kira-kira 1 jam. Tapis air dan potong daging mengikut saiz gigitan.
2. Untuk sos, satukan semua bahan dalam periuk. Masukkan daging dan reneh sehingga daging menjadi warna kicap dan lembut sehingga mudah dimakan dengan penyepit. Hidangkan perut babi yang dimasak dan hiaskan dengan lobak bir parut jika anda suka.

35. Daging lembu dan gulung bawang

bahan-bahan

- 4 keping stik sirloin (nipis wafer, atau daging lembu panggang atau fillet daging lembu)
- 4 biji bawang besar
- 1 sudu teh gula
- 2 sudu kecil kicap
- Halia (dipotong baru)
- 1 sudu kecil sherry
- Minyak (untuk menggoreng)

persiapan

1. Untuk gulungan daging lembu dan bawang, potong terlebih dahulu bawang besar memanjang menjadi jalur. Letakkan daging di atas, tutup dengan jalur daun bawang dan gulung dengan ketat.
2. Untuk perapan, campurkan kicap, gula, sedikit halia dan sherry.
3. Masukkan gulungan daging dan perap lebih kurang 30 minit.
4. Kemudian angkat dan goreng gulungan daging lembu dan bawang di atas panggangan atau dalam kuali (dengan sedikit minyak panas) selama kira-kira 3 minit sehingga perang keemasan di kedua-dua belah.

36. Yaki-Tori (Sate Ayam Bakar)

bahan-bahan

- 400 g batang drum ayam yang dilonggarkan
- 2 batang daun bawang (nipis)
- 200 ml sup ayam
- 120 ml Jap. kicap
- 2 sudu besar gula

persiapan

1. Untuk yaki tori, rendam lapan lidi kayu dalam air semalaman.
2. Potong ayam kepada kiub atau kepingan yang lebih kecil (kira-kira saiz 2.5 cm). Basuh daun bawang dan potong sepanjang 3 cm.

3. Masak sebentar sup ayam bersama kicap dan gula hingga mendidih dengan api besar. Sekarang letakkan kiub ayam dan daun bawang secara bergantian pada setiap lidi. Celupkan lidi dalam sos, toskan dan letakkan di atas pinggan panggangan yang dipanaskan.
4. Bakar sehingga perang keemasan di kedua-dua belah. Sementara itu, sapu lidi yaki-tori dengan sos berulang kali.

37. Tempura sayur dengan mousseline wasabi

bahan-bahan

- 1/2 lada benggala (merah)
- 1/2 lada benggala (kuning)
- 250 g zucchini (dan hirisan terung)
- 180 ml air ais
- 1 biji putih telur
- 50 g tepung beras (sebagai alternatif tepung jagung)
- 50 g tepung gandum
- garam
- Minyak (untuk menggoreng)

Untuk mousseline Wasabi:

- 100 g mayonis
- 1 sudu kecil pes wasabi
- 1 sudu besar krim kental (dipukul)

persiapan

1. Potong hirisan zucchini dan terung ke dalam kepingan bersaiz gigitan dan lada yang diadu menjadi jalur lebar 5 mm. Untuk adunan tempura, kacau air ais bersama putih telur, secubit garam, tepung beras dan tepung gandum hingga rata. Panaskan minyak yang banyak dalam kuali. Garam sedikit sayur-sayuran, celupkan ke dalam adunan, toskan dan goreng dalam minyak panas (lebih kurang 180 °C). Angkat dan toskan di atas kertas dapur. Campurkan semua bahan untuk sos wasabi. Susun sayur-sayuran yang dibakar dalam mangkuk atau pinggan dalam dan hidangkan bersama mousseline.

38. Sashimi

bahan-bahan

- 85 g tuna (baru dibuat)
- 85 g salmon (baru dibuat)
- 85 g fillet ikan siakap (baru dibuat)
- 85 g fillet turbot (dalam kualiti dipacu periuk)
- 40 g pes wasabikren
- 100 g halia sushi (acar)
- 1 lobak bir
- 4 keping (s) limau nipis
- Kicap (untuk mencelup)

persiapan

2. Kupas lobak bir, potong menjadi kepingan sepanjang 10 cm dan potong ini menjadi jalur yang sangat nipis. Basuh dalam air sejuk dan rendam selama kira-kira 10 minit. Kemudian tapis dan ketepikan.
3. Potong fillet ikan dengan tulang yang sangat berhati-hati menjadi kepingan kira-kira 0.7 cm lebar dengan pisau tajam. Kemudian potong ini secara bergilir-gilir menjadi segi empat tepat kira-kira 2 cm lebar dan 3 cm panjang.
4. Kemudian hiaskan 4 pinggan atau pinggan sushi dengan lobak bir, hirisan limau nipis, wasabi dan halia dan hidangkan 2 fillet ikan (jumlah 8 keping ikan) setiap pinggan.
5. Hidangkan bersama kicap.

39. Tuna Maki

bahan-bahan

- 120 g tuna (kualiti sashimi)
- 2 helai nori (rumpai laut)
- 640 g nasi sushi masak (lihat resipi)
- 20 g pes Wasabikren
- 100 g jeruk halia sushi
- Kicap untuk celup

persiapan

1. Potong tuna dengan pisau tajam menjadi jalur 1.5 cm lebar dan kira-kira 5 cm panjang. Berhati-hati potong daun nori separuh lebar dengan gunting dapur. Gulungkan tikar buluh

dan letakkan separuh helaian nori di atasnya. Tutup kira-kira 0.5 cm tebal dengan nasi sushi, biarkan 1 cm bebas di bahagian atas. Dari kanan ke kiri di tengah, sapukan lapisan nipis wasabi dengan jari anda dan letakkan jalur tuna di atasnya. Mula bergolek di bahagian bawah (tempat nasi). Bentukkan tikar supaya gulungan itu segi empat tepat supaya helaian nori tidak pecah. Tekan perlahan gulungan buluh. Tanggalkan tikar buluh dan sediakan baki gulungan maki dengan cara yang sama. Basahkan secara ringkas bilah pisau dengan air sejuk dan potong gulungan menjadi enam bahagian yang sama. Susun maki di atas pinggan atau pinggan sushi dan hiaskan dengan wasabi dan halia. Hidangkan bersama kicap.

40. Tempura sayur

bahan-bahan

- Sayur campur (mengikut tawaran)
- garam
- Minyak sayuran

Untuk adunan tempura:

- 200 g tepung biasa
- 200 g tepung ubi (sebagai alternatif tepung ubi)
- 2 sudu besar gula
- 1/2 sudu besar garam
- 300 ml air sejuk
- 4 biji kuning telur

Untuk sos:

- 5 sudu besar kicap
- 5 sudu besar air
- 2 sudu besar sirap maple
- Sedikit halia dihiris
- 1 biji bawang besar dicincang

persiapan

1. Potong sayur-sayuran yang telah dibersihkan secara menyerong menjadi kepingan setebal kira-kira 3 mm dan sedikit garam. Untuk adunan, tapis kedua-dua jenis tepung dengan gula dan garam. Ketepikan kira-kira satu pertiga dan putar hirisan sayuran di dalamnya. Campurkan air sejuk dengan kuning telur dengan baik dan kacau dalam baki tepung dalam dua kelompok. Mula-mula kacau adunan sehingga sebati dan kemudian kacau dengan garfu (jangan sekali-kali dengan whisk!), Supaya adunan mempunyai konsistensi yang agak berketul. Panaskan minyak dalam kuali yang dalam. Tarik sayur yang telah ditabur tepung tadi melalui doh dan rendam dalam minyak panas. Bakar sehingga kekuningan di kedua-dua belah.

Angkat dan toskan pada tuala kertas. Susun dan hidangkan bersama sos yang telah disediakan. Untuk sos, campurkan kicap dengan air, sirap maple, halia dan daun bawang potong dadu.

41. Tempura udang

bahan-bahan

- 250 g ekor udang (bersaiz sederhana, tanpa kulit)
- 180 ml air ais
- 50 g tepung beras (sebagai alternatif tepung jagung)
- 50 g tepung gandum
- garam

- Tepung (untuk dijadikan licin)
- kicap
- Pes wasabikren (dan / atau sos cili sebagai ulam)
- Minyak (untuk menggoreng)

persiapan

1. Untuk adunan tempura, kacau air ais bersama telur, garam, beras dan tepung gandum hingga rata. Potong bahagian belakang udang supaya tinggal bahagian terakhir. Potongan itu memberikan mereka bentuk rama-rama biasa apabila menggoreng. Keluarkan usus. Panaskan minyak yang banyak dalam kuali. Balikkan udang ke dalam tepung halus. Kemudian tarik doh satu demi satu, toskan doh dan goreng dalam lemak panas (180 ° C) sehingga perang keemasan. Angkat dan toskan di atas kertas dapur. Hidangkan dengan sos yang berbeza untuk dicelup.

42. Kuali ayam cili padi

bahan-bahan

- 8 ketul ayam (kecil)
- 1 paket Knorr Basis Crispy Chicken Legs
- 1 kiub sup Knorr clear
- 200 g Basmati Perjalanan
- 4 biji tomato (kecil)
- 2 sudu besar serbuk paprika
- 2 sudu besar pes tomato
- 1 pc. Paprika (merah)
- Cili (untuk perasa)
- Parsley (segar)

persiapan

2. Untuk kuali cili padi ayam, sediakan betis ayam secara KNORR mengikut arahan pada bungkusan.
3. Sementara itu, panggang nasi dalam periuk tanpa menambah sebarang lemak. Deglaze dengan tiga kali ganda jumlah air dan biarkan mendidih dengan serbuk paprika, pes tomato dan kiub sup. Reneh cili padi ayam hingga nasi lembut.
4. Sementara itu, potong lada benggala dan tomato menjadi kepingan besar dan masukkan ke dalam ayam. Campurkan nasi yang dimasak dengan buku jari dan hidangkan dengan pasli.

43. Gyoza

bahan-bahan

- 200 g daging cincang
- 1/2 batang (s) daun bawang
- 3 helai daun kubis cina
- 1 keping halia (segar)
- 1 ulas bawang putih
- 1 sudu besar kicap
- 1/2 sudu teh garam
- Lada dari pengisar)
- 1 paket daun wonton
- 1 sudu teh minyak bijan
- 1/2 cawan (s) air

Untuk sos pencicah:

- 1/2 cawan (s) kicap
- 1/2 cawan (s) perjalanan
- 1 sudu teh bawang putih (dicincang halus)

persiapan

1. Untuk Gyoza, mula-mula rebus sebentar daun kubis Cina, perah dengan kuat dan potong kecil. Basuh daun bawang dan potong kecil, seperti kubis Cina. Kupas dan parut halia dan bawang putih. Campurkan kobis cina, daun bawang, daging cincang, halia, lada sulah, garam, bawang putih dan kicap.
2. Letakkan kepingan pastri di atas dan letakkan sedikit inti di tengah. Basahkan sedikit bahagian tepi helaian pastri dan tekan bahagian tepi bersama-sama untuk membentuk bulan sabit.
3. Panaskan minyak dalam kuali dan goreng gyoza dengan api sederhana selama 2-3 minit sehingga bahagian bawah berwarna perang keemasan. Kemudian masukkan air dan masak dalam kuali bertutup sehingga air sejat.

4. Untuk sos pencicah, campurkan kicap dengan cuka beras dan bawang putih. Susun gyoza bersama sos dan hidangkan.

44. Sushi & Maki variasi

bahan-bahan

Untuk resipi asas nasi:

- 500 g nasi sushi
- 2 sudu besar cuka beras
- 1 sudu teh gula
- 1 sudu besar garam

Untuk salmon nigiri klasik:

- Wasabi
- Untuk tuna maki:
- Lembaran Yaki nori
- Wasabi

- ikan tuna

Untuk California Roll:

- Wasabi
- timun
- alpukat
- udang
- Biji bijan (panggang)

Untuk gulung tangan dengan telur ikan:

- Lembaran Yaki nori
- Wasabi
- Telur ikan
- limau

persiapan

1. Untuk variasi sushi & maki, sediakan dahulu nasi.
2. Untuk nasi sushi, bilas beras dan biarkan ia mengalir selama 1 jam, kemudian masukkan beras dengan jumlah air yang sama dan masak dengan suhu tinggi. Kemudian tutup dan tukar suhu semula kepada sederhana.

3. Apabila permukaan nasi kelihatan dalam periuk, tukar semula ke tetapan paling rendah. Apabila air telah sejat, panaskan semula selama 1 minit, kemudian keluarkan beras dari dapur dapur dan biarkan ia menguap selama 15 minit dengan penutup tertutup.
4. Campurkan cuka beras, gula dan garam untuk perapan dan gaul dengan beras bijirin panjang yang masih hangat dalam mangkuk pembakar. Biarkan ia sejuk sedikit, tetapi jangan masukkan ke dalam peti sejuk, jika tidak nasi akan menjadi keras.
5. Untuk salmon nigiri klasik, bentuk bebola kecil dari nasi sushi dengan tangan basah anda dan tekan ke bawah. Berus dengan wasabi. Letakkan kepingan besar salmon di atas. Amaran: jangan sekali-kali membuat sushi terlalu besar supaya anda boleh menikmatinya dalam satu gigitan.
6. Untuk tuna maki, letak helaian yaki nori di atas tikar buluh. Tutup dengan lapisan nipis beras bijirin panjang. Berus dengan sedikit wasabi. Letakkan sebaris jalur tuna yang sempit di atas. Gulung dengan tikar buluh dan

potong gulungan menjadi kepingan untuk membuat maki kecil.

7. Untuk California Roll, tutup tikar buluh dengan filem berpaut. Letakkan lapisan nipis beras di atas. Berus dengan wasabi. Letakkan 1 jalur setiap timun, alpukat dan udang di tengah. Gulungkan dengan tikar buluh dan canai gulungan yang telah siap dalam bijan yang telah dibakar. Potong menjadi kepingan kecil.

8. Untuk gulungan tangan dengan telur ikan, letakkan sesudu nasi di atas helaian yaki nori. Gulungkan helaian seperti beg. Sapukan sedikit wasabi pada nasi dan isi dengan telur ikan (salmon, trout, dll.). Hiaskan dengan sekeping kecil lemon.

45. Ayam salut dengan biji bijan

bahan

- 1 kg paha ayam
- 50 g halia
- 1 ulas bawang putih
- 100 ml Mirin (wain beras manis; sebagai alternatif sherry)
- 100 ml kicap (Jepun)
- 2 sudu besar gula
- garam
- 2 sudu besar minyak bijan

persiapan

1. Untuk ayam dengan bijan, basuh kaki ayam dan jika anda membeli keseluruhan kaki ayam, potong kaki dan bahagian bawah kaki dua.
2. Keluarkan kulit dari halia dan parut. Kupas dan tumbuk bawang putih. Kacau 1 1/2 sudu teh halia dan bawang putih dengan gula, kicap, mirin, secubit garam dan beberapa titik minyak bijan. Masukkan daging ke dalam perapan supaya ia ditutup dengan baik di semua sisi. Tutup dan biarkan berdiri di dalam peti sejuk selama sekurang-kurangnya 3 jam, sebaik-baiknya satu malam.
3. Keluarkan daging dari perapan dan biarkan ia mengalir dengan baik. Goreng perang di kedua-dua belah dalam minyak panas. Tuangkan minyak dan tuangkan perapan ke atas daging. Reneh dalam kuali tertutup pada suhu rendah selama 20 minit.
4. Goreng daging dalam kuali terbuka selama 5 minit lagi, sehingga sos menjadi sirap. Ayam dengan biji bijan kemudian terbaik dihidangkan dengan semangkuk nasi.

46. Babi panggang Jepun

bahan-bahan

- 600 g daging babi (bahu atau drumstick)
- garam
- Biji jintan
- 50 g lemak
- 10 gram tepung
- 1 biji bawang besar (dihiris)
- 50 g saderi (dihiris)
- 1 sudu besar mustard
- air

persiapan

1. Untuk daging babi panggang Jepun, goreng bawang dan saderi dalam lemak panas. Gosok daging dengan biji jintan dan garam, letakkan pada sayur-sayuran dan goreng kedua-duanya.

2. Tuangkan air selepas 1/2 jam. Sedikit kemudian masukkan sawi. Akhir sekali taburkan jus, biarkan mendidih dan tapis. Hidangkan daging babi panggang Jepun.

47. Okonomyaki

bahan-bahan

- 300 g tepung
- 200 ml air
- 2 biji telur
- 1 kepala kobis putih
- 10 keping (s) bacon
- 10 keping (s) daging ayam belanda
- 5 cendawan

persiapan

1. Untuk okonomiyaki bahan-bahan bersama dan goreng di kedua-dua belah dalam kuali. Hiaskan dengan sos okonomi dan katsubushi (serpihan ikan kering) dan mayonis Jepun, jika ada.

48. Maki

bahan-bahan

- 4 helai nori
- 1 cawan (s) nasi sushi (bijirin bulat)
- 1 buah alpukat
- ½ timun
- 1 lobak merah
- 50 g ikan salmon
- 2 batang surimi
- 1 sudu teh wasabi
- 2 sudu besar cuka beras
- gula
- kicap

persiapan

1. Untuk maki, bilas nasi sushi dalam colander dengan air sejuk sehingga airnya jernih. Ini penting supaya kanji dibuang dan nasi yang sangat melekit tidak terlalu melekat.
2. Sediakan nasi mengikut arahan pada peket, perasakan dengan cuka beras, garam laut dan sedikit gula. Masukkan nasi ke dalam mangkuk besar dan bahagikan supaya ia lebih cepat sejuk.
3. Potong sayur-sayuran dan salmon yang telah dibasuh menjadi jalur. Letakkan helaian nori di atas tikar buluh dan letakkan nipis bersama nasi sushi yang telah siap sehingga ke tepi atas, lebih kurang. 2 cm. Ia berfungsi lebih baik apabila tangan anda basah.
4. Sapukan sedikit pes wasabi di atas nasi. Campurkan sayuran, salmon atau surimi seperti yang dikehendaki, bahagian di tengah nasi. Kemudian gulung dengan tikar buluh. Lekatkan hujung helaian nori dengan air. Sejukkan maki yang telah siap dan potong-potong sebelum dihidangkan. Hidangkan bersama kicap.

49. Roulade daging lembu dengan lobak bayi

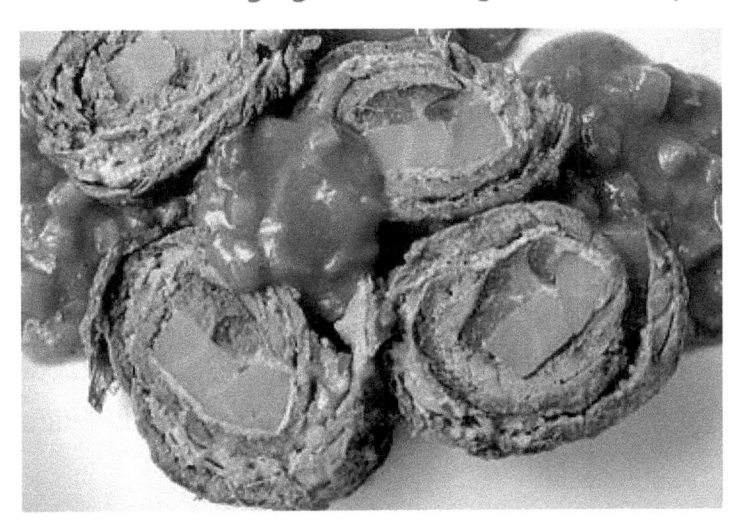

bahan-bahan

- 500 g daging lembu (dihiris nipis)
- 24 lobak bayi (atau 1 1/2 lobak merah)
- garam
- Tepung jagung
- 1 sudu besar mirin
- 1 sudu besar kicap
- lada

persiapan

1. Untuk gulungan daging lembu, campurkan mirin dan kicap dalam mangkuk. Seperempat lobak merah dan masukkan ke dalam bekas gelombang mikro dengan air.
2. Masak dalam ketuhar gelombang mikro selama 3-4 minit. Garam dan lada sulah daging lembu dan gulungkan 2 biji lobak merah menjadi 1 keping setiap satu. Balikkan gulung siap dalam tepung jagung.
3. Panaskan minyak dalam kuali dan goreng gulung di dalamnya. Tuangkan sos ke atasnya dan biarkan ia pekat. Hidangkan gulungan daging lembu dengan nasi atau salad.

50. Mi Asia dengan daging lembu

bahan-bahan

- 200 g mi udon
- 300 g daging lembu
- 1 daun bawang (s)
- 1 sudu besar kicap
- 1 biji limau nipis
- 1 sudu kecil cili (kisar)
- 3 sudu besar minyak bijan (untuk menumis)
- 50 g taugeh

persiapan

1. Untuk mi Asia dengan daging lembu, masak mi mengikut arahan pakej.
2. Cincang halus daun bawang dan potong dadu daging lembu. Panaskan minyak dan goreng daun bawang dan daging lembu di dalamnya.
3. Masukkan taugeh, jus limau nipis, cili flakes dan kicap dan goreng selama 2 minit lagi.
4. Susun mi Asia dengan daging lembu dan hidangkan.

RESEPI SAYUR

51. Pinggan sashimi kecil

bahan-bahan

- 300-400 g salmon, tuna, butterfish dan / atau ikan kod
- beberapa batang surimi (batang ketam)
- 1/2 buah alpukat
- Jus lemon
- 1 timun (kecil)
- Lobak (putih dan lobak merah)

- Halia (acar, secukup rasa)
- Untuk sos pencicah:
- kicap
- Wain perjalanan
- Tampal Wasabikren

persiapan

1. Gunakan pisau tajam untuk memotong isi ikan - dibuang tulang dengan teliti jika perlu - menjadi kepingan atau kepingan bersaiz gigitan dan letakkan di tempat yang sejuk. Kupas separuh alpukat, potong pulpa menjadi jalur dan perap segera dengan sedikit jus lemon. Juga potong atau parut timun, lobak dan lobak merah yang dikupas menjadi jalur yang sangat halus. Cairkan kicap dengan sedikit wain beras dan bahagikan kepada mangkuk kecil. Susun kepingan ikan dan batang surimi secara hiasan di atas pinggan. Hiaskan dengan sayur-sayuran yang telah disediakan dan hidangkan bersama kicap dan pes wasabi. Di meja, kacau lebih kurang pes wasabi ke dalam kicap. Sekarang celup sekeping ikan dalam kicap dan nikmati dengan beberapa sayuran.

52. Kaviar keta pada puri daikon

bahan-bahan

- 120 g kaviar keta
- 300 g lobak daikon (lobak Jepun, sebagai alternatif lobak ringan lain)
- 3 sudu besar kicap
- 4 helai daun salad hijau
- 1 sudu kecil jus lemon
- 1 sudu teh halia yang baru diparut
- Tampal Wasabikren sesuka hati

persiapan

1. Untuk kaviar keta pada daikon puree, susun daun salad yang telah dicuci dan toskan pada

4 pinggan. Parut lobak dengan parut halus dan basuh dalam air sejuk. Toskan dengan baik dalam ayak dan bahagikan antara 4 pinggan. Campurkan kaviar keta dengan kicap dan hidangkan di atas puri daikon. Letakkan halia parut di atas dan renjiskan dengan sedikit jus lemon. Hidangkan dengan wasabi, jika suka.

53. Salad Koknozu dengan kacang ayam

bahan-bahan

- 80 g kacang ayam
- 40 g lentil hijau
- 40 g lentil merah
- 80 g beras perang
- 1 helai rumpai laut nori, 30 x 20 cm
- 1/2 buah betik
- 4 sudu besar bonito flakes (sebagai alternatif kiub daging panggang)
- Salad Frisé untuk hiasan seperti yang dikehendaki
- garam
- 1/2 sudu teh minyak bijan

- 8 sudu besar cuka sushi

persiapan

1. Rendam kacang ayam semalaman dan masak sehingga lembut keesokan harinya. Rendam lentil dalam air sejuk selama 1 jam dan kemudian masak sehingga al dente. Masak beras perang sehingga lembut selama kira-kira 20 minit. (Nasi tidak boleh dimasak terlalu lama, tetapi kulitnya akan pecah.)
2. Sementara itu, potong helaian nori menjadi jalur yang sangat halus. Kupas dan inti betik dan potong kecil. Pure dengan pengadun. Sekarang lapiskan satu demi satu lentil hijau dan merah, beras perang dan akhirnya kacang ayam dalam mangkuk atau gelas kecil. Taburkan jalur nori dan kepingan bonito di atasnya dan hiaskan dengan salad frisée jika anda suka. Untuk pembalut, campurkan puri betik dengan garam, minyak bijan dan cuka dan hidangkan dalam mangkuk yang berasingan. Campurkan dengan teliti di atas meja.

54. Tempura sayur

bahan-bahan

- Sayur campur (mengikut tawaran)
- garam
- Minyak sayuran

Untuk adunan tempura:

- 200 g tepung biasa
- 200 g tepung ubi (sebagai alternatif tepung ubi)
- 2 sudu besar gula
- 1/2 sudu besar garam
- 300 ml air sejuk
- 4 biji kuning telur

Untuk sos:

- 5 sudu besar kicap
- 5 sudu besar air
- 2 sudu besar sirap maple
- Sedikit halia dihiris
- 1 biji bawang besar dicincang

persiapan

2. Potong sayur-sayuran yang telah dibersihkan secara menyerong menjadi kepingan setebal kira-kira 3 mm dan sedikit garam. Untuk adunan, tapis kedua-dua jenis tepung dengan gula dan garam. Ketepikan kira-kira satu pertiga dan putar hirisan sayuran di dalamnya. Campurkan air sejuk dengan kuning telur dengan baik dan kacau dalam baki tepung dalam dua kelompok. Mula-mula kacau adunan sehingga sebati dan kemudian kacau dengan garfu (jangan sekali-kali dengan whisk!), Supaya adunan mempunyai konsistensi yang agak berketul. Panaskan minyak dalam kuali yang dalam. Tarik sayur yang telah ditabur tepung tadi melalui doh dan rendam dalam minyak panas. Bakar sehingga kekuningan di kedua-dua belah.

Angkat dan toskan pada tuala kertas. Susun dan hidangkan bersama sos yang telah disediakan. Untuk sos, campurkan kicap dengan air, sirap maple, halia dan daun bawang potong dadu.

55. Maki Sayur

bahan-bahan

- 4 keping. helaian Nori
- 3 sudu besar beg perjalanan Jepun
- 1 cawan (s) nasi sushi (lebih kurang 250g)
- 2 sudu besar gula
- 1 sudu besar garam

- Sayur-sayuran (secukup rasa cth timun, lobak merah, ubi kuning, alpukat)
- 1 botol (s) kicap (kecil)
- Pes wasabi (secukup rasa)

persiapan

1. Untuk maki sayur, basuh beras dengan baik dan rendam dalam air sejuk sekurang-kurangnya sejam.
2. Didihkan beras dalam 300 ml air dan reneh selama 10 minit. Kemudian pindahkan ke dalam mangkuk dan biarkan sejuk.
3. Didihkan cuka, gula dan garam, kemudian kacau segera ke dalam nasi.
4. Kupas sayur-sayuran dan potong menjadi jalur panjang. Jika anda makan sayur akar, masak sayur al dente terlebih dahulu.
5. Basahkan helaian nori dan letakkan di atas gulungan buluh. Sapukan sedikit nasi di atasnya. Letakkan sayur di tengah dan kemudian gulungkan maki dengan ketat.
6. Potong maki sayur dengan pisau tajam menjadi lebih kurang. hirisan setebal 2.5-3

cm, susun dengan kicap, wasabi (secukup rasa) dan penyepit dan hidangkan segera.

56. Onigiri dengan kubis merah dan tauhu salai

bahan-bahan

- 50 g tauhu salai
- 50 g kubis merah
- garam
- 300 g Sushi Perjalanan
- 3 sudu besar cuka beras
- 1 sudu besar gula
- 8 helai nori (atau lebih; potong segi empat tepat 3 x 6 cm)
- Kicap (untuk hidangan)

persiapan

1. Untuk onigiri dengan kobis merah dan tauhu salai, cincang halus dahulu tauhu salai dan kobis merah dan gaulkan dengan sedikit garam dalam mangkuk.
2. Bilas beras dalam ayak di bawah air yang mengalir sehingga air mengalir dengan jelas. Masukkan 600 ml air dalam periuk, masukkan beras, masak sehingga mendidih. Matikan dan biarkan nasi berdiri, tertutup, selama kira-kira 15 minit.
3. Masukkan cuka bersama gula, tauhu dan kubis merah ke dalam nasi yang masih panas, gaul, ratakan di atas loyang dan biarkan sejuk.
4. Keluarkan beras dalam lebih kurang. 8 bahagian yang sama, bentuk setiap satu menjadi bebola dan bentuk terbaik dengan tin onigiri.
5. Letakkan segi empat tepat nori di sekeliling bahagian bawah onigiri, susun di atas pinggan dan hidangkan onigiri bersama kobis merah dan tauhu salai bersama kicap, jika suka.

57. Yaki-Tori (Sate Ayam Bakar)

bahan-bahan

- 400 g batang drum ayam yang dilonggarkan
- 2 batang daun bawang (nipis)
- 200 ml sup ayam
- 120 ml Jap. kicap
- 2 sudu besar gula

persiapan

1. Untuk yaki tori, rendam lapan lidi kayu dalam air semalaman.
2. Potong ayam kepada kiub atau kepingan yang lebih kecil (kira-kira saiz 2.5 cm). Basuh daun bawang dan potong sepanjang 3 cm.

3. Masak sebentar sup ayam bersama kicap dan gula hingga mendidih dengan api besar. Sekarang letakkan kiub ayam dan daun bawang secara bergantian pada setiap lidi. Celupkan lidi dalam sos, toskan dan letakkan di atas pinggan panggangan yang dipanaskan.
4. Bakar sehingga perang keemasan di kedua-dua belah. Sementara itu, sapu lidi yaki-tori dengan sos berulang kali.

58. Sushi & Maki variasi

bahan-bahan

Untuk resipi asas nasi:

- 500 g nasi sushi
- 2 sudu besar cuka beras
- 1 sudu teh gula
- 1 sudu besar garam

Untuk salmon nigiri klasik:

- Wasabi
- Untuk tuna maki:
- Lembaran Yaki nori
- Wasabi

- ikan tuna

Untuk California Roll:

- Wasabi
- timun
- alpukat
- udang
- Biji bijan (panggang)

Untuk gulung tangan dengan telur ikan:

- Lembaran Yaki nori
- Wasabi
- Telur ikan
- limau

persiapan

1. Untuk variasi sushi & maki, sediakan dahulu nasi.
2. Untuk nasi sushi, bilas beras dan biarkan ia mengalir selama 1 jam, kemudian masukkan beras dengan jumlah air yang sama dan masak dengan suhu tinggi. Kemudian tutup dan tukar suhu semula kepada sederhana.
3. Apabila permukaan nasi kelihatan dalam periuk, tukar semula ke tetapan paling rendah. Apabila air telah sejat, panaskan

semula selama 1 minit, kemudian keluarkan beras dari dapur dapur dan biarkan ia menguap selama 15 minit dengan penutup tertutup.

4. Campurkan cuka beras, gula dan garam untuk perapan dan gaul dengan beras bijirin panjang yang masih hangat dalam mangkuk pembakar. Biarkan ia sejuk sedikit, tetapi jangan masukkan ke dalam peti sejuk, jika tidak nasi akan menjadi keras.

5. Untuk salmon nigiri klasik, bentuk bebola kecil dari nasi sushi dengan tangan basah anda dan tekan ke bawah. Berus dengan wasabi. Letakkan kepingan besar salmon di atas. Amaran: jangan sekali-kali membuat sushi terlalu besar supaya anda boleh menikmatinya dalam satu gigitan.

6. Untuk tuna maki, letak helaian yaki nori di atas tikar buluh. Tutup dengan lapisan nipis beras bijirin panjang. Berus dengan sedikit wasabi. Letakkan sebaris jalur tuna yang sempit di atas. Gulung dengan tikar buluh dan potong gulungan menjadi kepingan untuk membuat maki kecil.

7. Untuk California Roll, tutup tikar buluh dengan filem berpaut. Letakkan lapisan nipis

beras di atas. Berus dengan wasabi. Letakkan 1 jalur setiap timun, alpukat dan udang di tengah. Gulungkan dengan tikar buluh dan canai gulungan yang telah siap dalam bijan yang telah dibakar. Potong menjadi kepingan kecil.

8. Untuk gulungan tangan dengan telur ikan, letakkan sesudu nasi di atas helaian yaki nori. Gulungkan helaian seperti beg. Sapukan sedikit wasabi pada nasi dan isi dengan telur ikan (salmon, trout, dll.). Hiaskan dengan sekeping kecil lemon.

59. Maki dengan tuna, alpukat dan shiitake

bahan-bahan

Untuk nasi:

- 400 g Sushi Perjalanan
- 650 ml air paip
- 1 1/2 sudu besar cuka beras
- garam
- gula

Untuk penutup:

- Tuna (dipotong kecil)
- Pes wasabi
- 4 keping nori

- Shiitake (kering, direndam)
- 2 keping alpukat (dihiris nipis, disiram dengan jus lemon)

persiapan

1. Untuk maki dengan tuna, alpukat dan shiitake, sediakan dahulu nasi sushi. Untuk melakukan ini, bilas beras dengan teliti dengan sejuk dan biarkan ia mengalir dalam penapis selama kira-kira 30 minit.
2. Rebus nasi dalam periuk dengan air paip dan sedikit garam pada suhu tinggi dan masak di atas dapur selama seminit, menggelegak. Tutup periuk dan kukus nasi pada suhu paling rendah selama 15 minit.
3. Campurkan cuka beras dengan spatula kayu. Untuk melakukan ini, pegang spatula secara menyerong dan memanjang supaya nasi tidak dikacau dengan betul, tetapi dipotong seperti pisau dapur. Dengan cara ini ia kekal berbutir berbanding dengan kacau biasa. Biarkan sejuk.
4. Sementara itu sediakan tikar buluh. Letakkan helaian nori di atas. Kemudian sapukan nasi dengan nipis di atas. Sapukan sedikit wasabi di atasnya. Satu baris teratas

dengan tuna, alpukat dan shiitake. Gulung menggunakan tikar buluh.

5. Untuk menghidangkan, potong dengan pisau dapur yang tajam supaya maki dengan tuna, alpukat dan shiitake mendapat bentuk dan saiz yang khas.

60. Maki dengan salmon, timun dan alpukat

bahan-bahan

- 400 g nasi sushi (lihat pautan dalam teks)
- 3 helai nori
- Untuk menampung:
- 200 g salmon (segar)
- 200 g alpukat (tidak terlalu lembut)
- 200 g timun
- Wasabi

persiapan

1. Untuk maki dengan salmon, timun dan alpukat, sediakan dahulu nasi sushi mengikut resipi asas. Potong salmon, timun dan alpukat menjadi jalur nipis.
2. Letakkan satu helaian nori setiap satu di atas tikar bast, letakkan nasi nipis di atasnya, taburkan sedikit wasabi di atasnya dan

letakkan dalam barisan jalur salmon, timun dan alpukat. Gulung dengan sejadah.
3. Potong menjadi kepingan dengan pisau dapur yang tajam dan letakkan maki dengan salmon, timun dan alpukat di atas pinggan.

61. Maki dengan udang, timun dan shitake

bahan-bahan

- Nasi sushi (lihat pautan dalam teks)
- timun
- Udang (cth. Ama Ebi)
- Shiitake (kering)
- 3 helai nori
- Wasabi

persiapan

1. Untuk maki dengan udang, timun dan shitake, sediakan dahulu nasi sushi mengikut resipi asas.
2. Rendam shitake dalam air dan kemudian potong menjadi jalur. Iriskan timun dan

potong menjadi jalur setebal 1/2 cm. Juga potong udang menjadi jalur.

3. Mula-mula letak helaian nori di atas tikar buluh. Sapukan nasi dengan nipis di atas, biarkan satu tepi kosong. Letakkan sebaris dengan udang, timun dan shitake. Gulung dengan bantuan tikar buluh, ketuk dengan kuat.

4. Potong gulung secara menyerong kepada 3 hingga 4 bahagian yang sama dan hidangkan maki dengan udang, timun dan shiitake.

62. Kerepek Parmesan Zucchini

bahan-bahan

- 2-3 keping zucchini (dibasuh, dipotong menjadi kepingan setebal 1 cm)
- garam laut
- Lada dari pengisar)
- Minyak sayuran (untuk menggoreng)
- Untuk panier:
- 2 pcs. Pemilik
- 120 g panko
- 60 g tepung (sejagat)
- 60 g parmesan (parut halus)

persiapan

1. Untuk kerepek parmesan zucchini, perasakan hirisan zucchini dengan garam dan lada laut.
2. Campurkan panko dan parmesan parut, pukul telur.
3. Putar hirisan zucchini dalam tepung, tarik mereka melalui telur yang dipukul dan roti mereka dalam campuran panko-parmesan.
4. Bakar dalam lemak panas pada suhu 170–180 ° C sehingga garing dan keemasan.
5. Kerepek parmesan zucchini terbaik dihidangkan segar!

63. sarang labah-labah Jepun

bahan-bahan

- 5 - 6 tangkai kubis Jepun
- 2 lobak merah (besar)
- 4 - 5 sudu besar krim putar
- 1 sudu besar mentega
- 1 sudu teh garam herba
- Lada (sedikit)

persiapan

1. Untuk tangkai kubis Jepun, kupas daun dan masukkan daun ke dalam colander. Basuh tangkai dan potong 5 mm. Basuh daun dan potong mee halus. dadu lobak merah.

2. Biarkan mentega panas, peluh lobak merah yang dipotong dadu dan kubis Jepun yang dipotong dadu dan perangkannya dengan ringan, kemudian tuangkan krim putar dan 125 ml air, perasakan dan reneh selama kira-kira 5 minit.
3. Masukkan daun cincang dan masak selama 2 minit lagi.

64. Maki sushi dengan tuna dan timun

bahan-bahan

- 1 keping timun (100 g)
- 100 gram tuna (sangat segar)
- 3 buah Nori (rumpai laut kering)
- 1 Resipi nasi sushi (resepi asas nasi sushi)
- 2 sudu besar wasabi (pes lobak pedas hijau)

persiapan

5. Kupas timun dan potong separuh memanjang. Keluarkan biji dengan sudu dan potong timun memanjang menjadi jalur. Potong tuna

menjadi jalur setebal 5 mm. Belah separuh helaian nori.

Sushi gulung:

6. Untuk melakukan ini, letakkan filem berpaut pada tikar buluh dan separuh helaian nori di atasnya. Basahkan tangan dengan air. Sapukan sedikit nasi sushi setinggi hampir 1 cm pada helaian nori, biarkan 1 cm bebas di bahagian atas. Jangan tekan nasi terlalu kuat. Letakkan jalur nipis wasabi pada bahagian ketiga bahagian bawah daun (berhati-hati, ia sangat panas!). Letakkan timun atau tuna di atas.
7. Menggunakan tikar buluh, gulungkan inti dengan helaian nori dengan berhati-hati, bungkus filem berpaut di sekeliling gulungan. Tekan gulungan ke tempatnya dengan tikar. Tekan gulungan sedikit rata pada satu sisi yang panjang dengan tangan anda, ini akan memberikan gulung bentuk titisan air mata mereka kemudian.)
8. Buat 5 gulung lagi seperti yang diterangkan. Potong gulung kepada 8 kepingan genap dengan pisau tajam yang berulang kali dicelup dalam air sejuk.

65. Ura Makis Avocado

bahan-bahan

- 2 buah alpukat (masak)
- 250 g beras (nasi sushi, nasi bijirin pendek)
- 1 sudu besar cuka beras
- 3 helai daun nori (alga laut)
- 1 sudu teh garam
- 1 sudu teh gula

persiapan

1. Untuk alpukat Ura Makis, basuh dahulu beras mentah di bawah air mengalir sehingga airnya

mengalir dengan jelas. Masak nasi dengan api perlahan selama 12 minit. Biarkan nasi yang dimasak sejuk di atas pinggan rata selama 10 minit.

2. Campurkan cuka beras dengan garam dan gula dan gerimis dengan nasi. Gaul rata dengan senduk kayu.
3. Bahagikan beras kepada 6 bahagian yang sama dan agihkan satu bahagian secara sama rata di atas tikar buluh. Sekarang letakkan sehelai nori dengan bahagian berkilat menghadap ke bawah dan sapukan sekeping beras lagi di atasnya, biarkan 2 cm bebas di sini.
4. Kupas alpukat, keluarkan batu dan potong menjadi jalur lebar. Letakkan 2-3 jalur (bergantung pada panjang) di tengah-tengah sepertiga pertama beras. Sekarang gulung dengan tekanan sekata, dengan bantuan tikar buluh, dari atas ke bawah.
5. Ura Maki Avocado dipotong dengan pisau tajam menjadi jalur selebar 1.5 cm.

66. sup masam manis

bahan-bahan

- 150 g dada ayam (atau sebagai alternatif 1 tin tuna)
- 1-2 l sup ayam
- 1/2 sudu teh garam
- 2 sudu besar kicap
- 1 sudu besar cuka
- 1 sos tomato
- 1 genggam morel
- 1 genggam cendawan shiitake
- 2 kereta
- 2 sudu besar minyak kacang tanah
- 3 sudu besar kanji

persiapan

1. Untuk sup, sediakan air rebusan ayam sehari sebelumnya atau larutkan 2 kiub sup ayam dalam air panas.
2. Potong ayam hingga halus dan gaulkan dengan bahan perapan kicap, garam, cuka dan sos tomato. Biarkan ia curam selama sekurang-kurangnya 30 minit.
3. Potong morel dan cendawan shitake dan parut lobak merah. Panaskan minyak kacang dalam kuali dan goreng ayam di dalamnya.
4. Deglaze dengan sup ayam suam dan biarkan mendidih. Masukkan lobak merah, morel dan cendawan shitake dan renehkan.
5. Larutkan kanji dalam 5 sudu besar air suam dan kacau perlahan-lahan ke dalam sup. Biarkan ia mendidih semula. Pukul telur dalam mangkuk dan pukul dengan baik.
6. Sekarang cepat tambah campuran telur ke sup panas dengan satu sudu - buat pergerakan bulat supaya telur diedarkan dengan baik.
7. Perasakan secukup rasa dengan garam, lada sulah dan gula.

67. Kuali sayur dengan daging

bahan-bahan

- 400 g daging babi
- 580 g sayur goreng (igloo)
- 6 sudu besar minyak biji sesawi
- marjoram
- thyme
- garam
- lada

persiapan

1. Untuk sayur-sayuran tumis dengan daging, pertama potong dadu daging babi dan rendam dalam campuran minyak rapeseed, garam,

lada, marjoram dan thyme. Biarkan ia curam selama sekurang-kurangnya 3 jam, sebaik-baiknya semalaman.
2. Masukkan daging babi ke dalam kuali tanpa sebarang minyak tambahan dan goreng sehingga panas. Masukkan sayur kuali dan tunggu air sejat.
3. Kemudian goreng semuanya kembali bersama. Sayur tumis dengan daging juga sedap dengan garam dan lada sulah dan dihidangkan.

68. Tuna dengan pucuk cili

bahan-bahan

- 180 g fillet tuna (segar)
- 1 biji cili api
- 1 ulas bawang putih
- 50 g taugeh
- 50 g pucuk lentil
- 2 biji bawang besar
- 1 sudu besar sos cili
- 1 sudu besar sos tiram
- 1 sudu besar kicap
- 1 secubit tepung jagung
- garam
- lada

- Minyak bijan (untuk menggoreng)

persiapan

1. Potong isi tuna kepada kiub 2 cm. Potong cili memanjang separuh, keluarkan inti dan cincang halus bawang putih. Cincang halus bawang besar. Panaskan sedikit minyak bijan dalam kuali. Masukkan bawang besar, cili dan bawang putih dan peluh di dalamnya. Masukkan taugeh dan perasakan semuanya dengan garam dan lada sulah. Akhir sekali, perasakan dengan sos cili. Keluarkan sayur-sayuran sekali lagi dan pastikan ia hangat. Sekarang lap kuali dengan kertas dapur. Panaskan sedikit minyak bijan sekali lagi dan goreng sebentar kiub tuna pada semua bahagian (ia sepatutnya masih berair di bahagian dalam). Sementara itu, kacau bersama sos tiram, kicap, tepung jagung dan lebih kurang 2 sudu besar air. Tuangkan sos pedas ini ke atas tuna. Susun pucuk cili api di atas pinggan dan letak kiub tuna di atasnya.

69. Tempura salmon dan sayur-sayuran

bahan-bahan

- 150 g fillet salmon
- 150 g sayur-sayuran (jika suka - bawang besar, kentang rebus ..)
- 50 g tepung tempura (boleh didapati di Asia Shop)
- 80 ml air mineral (sejuk)
- sedikit garam
- Minyak untuk menggoreng)
- kicap
- Pes wasabikren (dan halia sebagai hiasan)

persiapan

1. Potong salmon menjadi jalur 5 x 2 cm. Potong sayur-sayuran menjadi kepingan atau jalur bersaiz gigitan. Campurkan adunan tempura halus yang diperbuat daripada tepung, air mineral dan secubit garam dengan pemukul. Panaskan minyak dalam kuali atau kuali yang sesuai. Tarik kepingan salmon dan sayur-sayuran melalui doh dan gorengkannya berenang di dalam lemak dengan api yang sangat tinggi (lebih kurang 180 ° C) selama kira-kira setengah minit. (Jangan masukkan terlalu banyak makanan bergoreng sekaligus, sebaliknya kerjakan dalam beberapa bahagian supaya minyak tidak sejuk.) Keluarkan tempura yang telah siap, toskan dengan baik di atas kertas dapur dan hidangkan bersama kicap, wasabi dan jeruk halia.

70. salad mi Jepun

bahan-bahan

- 2 helai daun kobis cina
- 5 biji bawang besar (hijau daripadanya)
- 1 lobak merah (rebus)
- 250 kg pasta (pilihan anda)
- 3 keping ham (dimasak)
- 1/2 timun (dikupas kulit)

sos:

- 3 sudu besar Kicap Tamari
- 2 sudu besar gula
- 5 sudu besar sup ayam
- 1 sudu kecil wasabi (serbuk lobak pedas)

- 1 sudu kecil minyak bijan
- 3 sudu besar cuka wain beras

omelet:

- 2 biji telur
- 1 sudu besar air
- 1 sudu teh tepung jagung

persiapan

2. Untuk salad mi Jepun, larutkan gula dalam cuka. Campurkan dengan bahan-bahan lain sos.
3. Campurkan 2 biji telur yang telah dipukul, sesudu air dan 1 sudu teh jagung jagung ke dalam adunan telur dadar dan goreng dalam kuali dengan sedikit minyak. Kemudian potong menjadi jalur.
4. Potong semua bahan lain menjadi kepingan kecil. Letakkan lobak merah dan daun kubis Cina di tepi, kacau selebihnya dalam mangkuk salad.
5. Rebus pasta sehingga lembut dan pada saat akhir masukkan kobis dan lobak merah.
6. Tapis dan bilas sebentar dengan air sejuk. Masukkan ke dalam mangkuk salad dan perap

dengan sos. Biarkan salad mi Jepun meresap dan dihidangkan.

RESEPI SUP

71. Sup miso dengan cendawan shiitake

bahan-bahan

- 3 biji cendawan shitake (kering)
- 8 g wakame (kering)

- 1200 ml air (untuk sup)
- 3 sudu besar pes miso
- 115 g tauhu (potong dadu kasar)
- 1 biji bawang besar (hanya yang hijau)

persiapan

1. Untuk sup miso dengan cendawan shiitake, letakkan dahulu cendawan kering dan alga wakame secara berasingan dalam air suam selama 20 minit dan kemudian toskan. Potong menjadi kepingan nipis.
2. Didihkan air, masukkan pes miso, masukkan cendawan dan reneh selama 5 minit dengan api yang perlahan.
3. Edarkan tauhu dan alga sama rata pada 4 cawan sup yang telah dipanaskan, isi sup miso dengan cendawan shiitake dan taburkan daun bawang di atas meja.

72. Sup miso vegan

bahan-bahan

- 1 liter sup sayur-sayuran
- 4 sudu kecil pes miso (ringan)
- 6 biji cendawan shitake
- 1/2 sudu besar minyak bijan
- 1 sudu besar kicap
- 1/2 sudu kecil serbuk halia
- 150 g tauhu
- 1 sudu besar wakame

persiapan

1. Untuk sup miso vegan, rendam alga wakama selama 15 minit dan toskan dengan baik. Potong cendawan shitake kepada kepingan kecil dan campurkan dengan sup sayur, minyak bijan, kicap dan halia dalam periuk. Biarkan sup mendidih selama 5 minit.

2. Potong wakameae dan tauhu menjadi kepingan kecil dan masukkan ke dalam periuk. Keluarkan sup dari api dan kacau dalam pes miso. Hidangan dan hidangan sup miso vegan.

73. Sup ramen dengan lobak pedas

bahan-bahan

- ½ batang Allium (daun bawang)
- 1 biji bawang
- 2 ulas bawang putih
- 80 gram halia (segar)
- 2 sudu besar minyak
- 1 buku jari babi
- 1 kilogram kepak ayam
- garam
- 2 keping (alga kombu; alga kering; kedai Asia)
- 30 gram shitake kering
- 1 tandan bawang besar
- 2 sudu besar bijan (ringan)

- 1 helai nori
- 6 biji telur
- 300 gram mee ramen
- 50 gram miso (ringan)
- 2 sudu besar Mirin (wain putih Jepun)
- 65 gram lobak pedas
- Minyak bijan (panggang)

persiapan

1. Bersihkan dan basuh daun bawang dan potong besar. Kupas bawang merah dan bawang putih, separuh bawang besar. Basuh 60 g halia dan potong ke dalam kepingan. Panaskan minyak dalam kuali. Panggang bawang merah, bawang besar, bawang putih dan halia di dalamnya dengan api besar sehingga perang muda.
2. Masukkan sayur-sayuran goreng dengan buku jari babi yang telah dibilas dan sayap ayam dalam periuk besar dan isi dengan 3.5 liter air. Bawa semuanya perlahan-lahan hingga mendidih dan reneh dengan api perlahan tanpa penutup selama kira-kira 3 jam. Keluarkan buih yang naik. Selepas 2 jam, perasakan kuahnya dengan garam.

3. Tuangkan kuahnya melalui ayak halus ke dalam periuk lain (membuat lebih kurang 2.5–3 l). Mungkin degrease kuahnya sedikit. Lapkan rumpai laut kombu dengan kain lembap. Masukkan cendawan shiitake dan alga kombu ke dalam sup panas dan biarkan curam selama 30 minit.
4. Keluarkan buku jari babi dari kulit, lemak dan tulang dan potong seukuran gigitan. Jangan gunakan sayap ayam untuk sup (lihat petua).
5. Kupas halia yang tinggal dan potong ke dalam jalur nipis. Bersihkan dan basuh bawang besar, potong cincin halus dan letakkan di dalam air sejuk. Bakar biji bijan dalam kuali kering sehingga ia berwarna perang muda. Seperempat rumpai laut nori, bakar sebentar dalam kuali kering dan potong menjadi jalur yang sangat halus. Pilih telur, rebus dalam air mendidih selama 6 minit, bilas dengan air sejuk, kupas dengan teliti. Rebus pasta dalam air mendidih selama 3 minit, tuangkan ke dalam penapis, bilas sebentar dengan sejuk, kemudian toskan.
6. Keluarkan cendawan dan combi-algae dari sup. Buang tangkai cendawan, cincang halus penutup cendawan, jangan guna combi-algae

lagi. Panaskan kuahnya (jangan rebus). Masukkan pes miso dan mirin, masukkan cendawan shiitake yang dicincang. Toskan daun bawang dalam colander. Kupas lobak pedas.

7. Bahagikan kuah dalam mangkuk. Masukkan buku jari babi, mee, telur separuh, bijan, halia, daun bawang dan rumpai laut nori. Hidangkan dengan banyak lobak pedas dan minyak bijan yang baru diparut.

74. Tauhu sup miso dengan mi soba

bahan-bahan

- Soba (mi soba: spageti yang diperbuat daripada soba dan gandum)
- 2 sudu teh minyak bijan (dipanggang)
- 1 sudu besar bijan
- 4 biji bawang besar
- 2 biji timun mini
- 100 gram daun bayam
- 200 gram tauhu
- $1\frac{1}{4}$ liter stok sayuran
- 1 keping halia (lebih kurang 20 g)
- 2 sudu kecil (alga wakame segera)

- 2½ sudu besar Shiro miso (tampal dari pasaran organik atau Asia)
- Daun ketumbar (untuk hiasan)

persiapan

1. Masak mee soba mengikut arahan pada peket. Tuang ke dalam ayak, toskan sebati dan gaulkan dengan minyak bijan. Bakar biji bijan dalam kuali tidak melekat sehingga perang keemasan. Ambilnya dari dapur dan biarkan ia sejuk.

2. Bersihkan dan basuh bawang besar, potong bahagian putih dan hijau muda menjadi cincin halus. Basuh timun dan potong sebatang lebih kurang 3 cm panjang. Susun bayam, basuh dan goncang hingga kering, buang tangkai yang kasar. Keringkan tauhu dan potong 2 cm kiub.

3. Didihkan kuahnya dalam periuk. Kupas halia dan potong menjadi kepingan, masukkan ke dalam sup dengan rumpai laut dan reneh selama kira-kira 2 minit. Campurkan pes miso dengan 5 sudu besar air sehingga rata, masukkan ke dalam sup dan biarkan mendidih selama 5 minit lagi. Kemudian masukkan

tauhu, daun bawang dan timun ke dalam sup dan biarkan mendidih.

4. Untuk menghidangkan, basuh ketumbar dan goncang hingga kering. Sapukan mee soba dan bayam dalam mangkuk atau cawan dan tuangkan sup mendidih ke atasnya. Taburkan bijan yang telah dibakar dan daun ketumbar di atasnya. Hidangkan segera.

75. Sup Jepun

- **bahan-bahan**
- Mungkin 2 sudu besar rumpai laut kering (wakame)
- 50 g cendawan shiitake atau mungkin cendawan
- 1 lobak merah (besar)
- 1 biji bawang besar (kecil)
- 100 g daun bawang
- 2.5 sudu kecil Dashi-no-moto (serbuk sup ikan Jepun, A Laden; atau sup daging lembu segera)
- 3 sudu besar kicap ringan (Usukuchi)
- 1 sudu teh garam
- 2 biji telur

persiapan

1. Rendam alga dalam air sejuk selama sekurang-kurangnya 2 jam, perah dengan teliti dan potong.

2. Koyakkan cendawan dan potong nipis, kupas lobak merah, potong batang.

3. Kupas bawang dan potong separuh cincin, bersihkan daun bawang, potong dua dan pertama menjadi kepingan panjang 3 cm, kemudian menjadi jalur.

4. Campurkan serbuk sup ikan dalam 1.1 liter air mendidih, masukkan kicap dan garam. Goreng sayur-sayuran dalam sup selama kira-kira 2 minit.

5. Campurkan telur dan perlahan-lahan tuangkan ke dalam sup dalam aliran nipis (dari ketinggian lebih kurang 40 cm). Biarkan ia berdiri selama 1 minit dan bawa sup ke meja.

76. Mee sup cendawan Jepun

bahan-bahan

- 1200 ml Sup Dashi
- 1 sudu besar mirin; atau demi
- 1 sudu besar gula mentah
- 1 keping halia (segar, parut)
- kicap; atas keperluan

tatahan:

- 350 g Mee telur Cina yang sangat halus, cth ramen
- 3 biji bawang besar halus
- 1 timun jarak bebas (kecil)

- 100 g cendawan Enoki
- 100 g cendawan tiram yang sangat kecil
- 50 g bayam (daun)
- 150 gram tauhu; dipotong menjadi jalur atau kiub

persiapan

1. Cuba hidangan pasta yang lazat ini:
2. Biarkan sup mendidih, perasakan dengan gula, wain beras, halia dan kicap. Masak sebentar pasta dalam air masin mendidih sehingga al dente, toskan dan edarkan sama rata dalam mangkuk sup.
3. Potong bawang merah, kupas timun, potong separuh, inti dan potong ke dalam jalur sempit. Sapukan rata dalam mangkuk pembakar dengan cendawan.
4. Tuangkan sup panas ke atasnya. Hidangkan.

77. salad mi Jepun

bahan-bahan

- 2 helai daun kobis cina
- 5 biji bawang besar (hijau daripadanya)
- 1 lobak merah (rebus)
- 250 kg pasta (pilihan anda)
- 3 keping ham (dimasak)
- 1/2 timun (dikupas kulit)

sos:

- 3 sudu besar Kicap Tamari
- 2 sudu besar gula
- 5 sudu besar sup ayam
- 1 sudu kecil wasabi (serbuk lobak pedas)
- 1 sudu kecil minyak bijan

- 3 sudu besar cuka wain beras

omelet:

- 2 biji telur
- 1 sudu besar air
- 1 sudu teh tepung jagung

persiapan

1. Untuk salad mi Jepun, larutkan gula dalam cuka. Campurkan dengan bahan-bahan lain sos.
2. Campurkan 2 biji telur yang telah dipukul, sesudu air dan 1 sudu teh jagung jagung ke dalam adunan telur dadar dan goreng dalam kuali dengan sedikit minyak. Kemudian potong menjadi jalur.
3. Potong semua bahan lain menjadi kepingan kecil. Letakkan lobak merah dan daun kubis Cina di tepi, kacau selebihnya dalam mangkuk salad.
4. Rebus pasta sehingga lembut dan pada saat akhir masukkan kobis dan lobak merah.
5. Tapis dan bilas sebentar dengan air sejuk. Masukkan ke dalam mangkuk salad dan perap dengan sos. Biarkan salad mi Jepun meresap dan dihidangkan.

78. sup masam manis

bahan-bahan

- 150 g dada ayam (atau sebagai alternatif 1 tin tuna)
- 1-2 l sup ayam
- 1/2 sudu teh garam
- 2 sudu besar kicap
- 1 sudu besar cuka
- 1 sos tomato
- 1 genggam morel
- 1 genggam cendawan shiitake
- 2 kereta
- 2 sudu besar minyak kacang tanah
- 3 sudu besar kanji

persiapan

1. Untuk sup, sediakan air rebusan ayam sehari sebelumnya atau larutkan 2 kiub sup ayam dalam air panas.
2. Potong ayam hingga halus dan gaulkan dengan bahan perapan kicap, garam, cuka dan sos tomato. Biarkan ia curam selama sekurang-kurangnya 30 minit.
3. Potong morel dan cendawan shitake dan parut lobak merah. Panaskan minyak kacang dalam kuali dan goreng ayam di dalamnya.
4. Deglaze dengan sup ayam suam dan biarkan mendidih. Masukkan lobak merah, morel dan cendawan shitake dan renehkan.
5. Larutkan kanji dalam 5 sudu besar air suam dan kacau perlahan-lahan ke dalam sup. Biarkan ia mendidih semula. Pukul telur dalam mangkuk dan pukul dengan baik.
6. Sekarang cepat tambah campuran telur ke sup panas dengan satu sudu - buat pergerakan bulat supaya telur diedarkan dengan baik.
7. Perasakan secukup rasa dengan garam, lada sulah dan gula.

79. Sup sayur Jepun

bahan-bahan

- 8 cendawan (besar)
- 125 g taugeh
- 250 g rebung
- 100 g bayam
- 3 biji telur
- 800 ml air rebusan ayam

persiapan

1. Resipi kacang untuk setiap rasa:
2. Bersihkan, bilas dan toskan cendawan. Potong menjadi kepingan kecil.

3. Tuangkan taugeh dan rebung ke dalam ayak dan toskan dengan baik.
4. Potong rebung menjadi jalur sempit.
5. Pilih bayam, bilas dan potong menjadi jalur.
6. Edarkan sayur-sayuran secara sama rata pada 4 cawan sup kalis ketuhar.
7. Campurkan sup dengan telur dan tuangkan ke atas sayur-sayuran.
8. Tutup cawan dengan kerajang aluminium, letakkan di dalam periuk titis ketuhar dan tuangkan air mendidih ke atasnya.
9. Letakkan di dalam dapur yang dipanaskan (E: 175 ° C) dan masak selama kira-kira setengah jam.
10. Alih keluar dan bawa ke meja di tapak.
11. Jika anda tidak suka rebung, anda juga boleh menggunakan jalur kobis cina.

80. Sup Jepun dengan rumpai laut

bahan-bahan

- 1000 ml sup sayur-sayuran
- 80 ml kicap
- 1 gerabak stesen; bintik 10x10 cm (alga perang kering)
- 20 g kepingan bonito
- 10 cendawan shitake (segar)
- 20 g cendawan Mu-Err
- 150 g tempe
- 30 g wakame

persiapan

1. Untuk kuah asas, kikis seketika gabungan dengan mangkuk basah dan panaskan sehingga mendidih dalam hidangan sup sayuran sejuk dan dengan kepingan bonito. Keluarkan sup jernih dari api dan tuangkannya melalui penapis halus. Jangan teruskan menggunakan kombu dan bonito.
2. Bahan asas ini juga boleh didapati sebagai produk siap. Ia kemudiannya dipanggil Dashi-no-Moto dan hanya dicampur dalam air.
3. Rendam cendawan mu-err dalam air sejuk dan potong dadu cendawan shii-take dan tempe. Panaskan Shii Ambil cendawan, cendawan Mu Err, tempe dan wakame dalam sup jernih dan bawa panas di atas meja.

RESEPI DAGING

81. Daging lembu dan gulung bawang

bahan-bahan

- 4 keping stik sirloin (nipis wafer, atau daging lembu panggang atau fillet daging lembu)
- 4 biji bawang besar
- 1 sudu teh gula
- 2 sudu kecil kicap
- Halia (dipotong baru)
- 1 sudu kecil sherry

- Minyak (untuk menggoreng)

persiapan

1. Untuk gulungan daging lembu dan bawang, potong terlebih dahulu bawang besar memanjang menjadi jalur. Letakkan daging di atas, tutup dengan jalur daun bawang dan gulung dengan ketat.
2. Untuk perapan, campurkan kicap, gula, sedikit halia dan sherry.
3. Masukkan gulungan daging dan perap lebih kurang 30 minit.
4. Kemudian angkat dan goreng gulungan daging lembu dan bawang di atas panggangan atau dalam kuali (dengan sedikit minyak panas) selama kira-kira 3 minit sehingga perang keemasan di kedua-dua belah.

82. Ayam sayu dengan biji bijan

bahan

- 1 kg paha ayam
- 50 g halia
- 1 ulas bawang putih
- 100 ml Mirin (wain beras manis; sebagai alternatif sherry)
- 100 ml kicap (Jepun)
- 2 sudu besar gula
- garam
- 2 sudu besar minyak bijan

persiapan

1. Untuk ayam dengan bijan, basuh kaki ayam dan jika anda membeli keseluruhan kaki ayam, potong kaki dan bahagian bawah kaki dua.
2. Keluarkan kulit dari halia dan parut. Kupas dan tumbuk bawang putih. Kacau 1 1/2 sudu teh halia dan bawang putih dengan gula, kicap, mirin, secubit garam dan beberapa titik minyak bijan. Masukkan daging ke dalam perapan supaya ia ditutup dengan baik di semua sisi. Tutup dan biarkan berdiri di dalam peti sejuk selama sekurang-kurangnya 3 jam, sebaik-baiknya satu malam.
3. Keluarkan daging dari perapan dan biarkan ia mengalir dengan baik. Goreng perang di kedua-dua belah dalam minyak panas. Tuangkan minyak dan tuangkan perapan ke atas daging. Reneh dalam kuali tertutup pada suhu rendah selama 20 minit.
4. Goreng daging dalam kuali terbuka selama 5 minit lagi, sehingga sos menjadi sirap. Ayam dengan biji bijan kemudian terbaik dihidangkan dengan semangkuk nasi.

83. Babi panggang Jepun

bahan-bahan

- 600 g daging babi (bahu atau drumstick)
- garam
- Biji jintan
- 50 g lemak
- 10 gram tepung
- 1 biji bawang besar (dihiris)
- 50 g saderi (dihiris)
- 1 sudu besar mustard
- air

persiapan

1. Untuk daging babi panggang Jepun, goreng bawang dan saderi dalam lemak panas. Gosok daging dengan biji jintan dan garam, letakkan

pada sayur-sayuran dan goreng kedua-duanya.
2. Tuangkan air selepas 1/2 jam. Sedikit kemudian masukkan sawi. Akhir sekali, taburkan jus, biarkan mendidih dan tapis. Hidangkan daging babi panggang Jepun.

84. Roulade daging lembu dengan lobak bayi

bahan-bahan

- 500 g daging lembu (dihiris nipis)
- 24 lobak bayi (atau 1 1/2 lobak merah)
- garam
- Tepung jagung
- 1 sudu besar mirin
- 1 sudu besar penyediaan kicap
- lada

persiapan

1. Untuk gulungan daging lembu, campurkan mirin dan kicap dalam mangkuk. Seperempat

lobak merah dan masukkan ke dalam bekas gelombang mikro dengan air.
2. Masak dalam ketuhar gelombang mikro selama 3-4 minit. Garam dan lada sulah daging lembu dan gulungkan 2 biji lobak merah menjadi 1 keping setiap satu. Balikkan gulung siap dalam tepung jagung.
3. Panaskan minyak dalam kuali dan goreng gulung di dalamnya. Tuangkan sos ke atasnya dan biarkan ia pekat. Daging lembu digulung dengan nasi atau hidangan salad.

85. Mi Asia dengan daging lembu

bahan-bahan

- 200 g mi udon
- 300 g daging lembu
- 1 daun bawang
- 1 sudu besar kicap
- 1 biji limau nipis
- 1 sudu kecil cili (kisar)
- 3 sudu besar minyak bijan (untuk menumis)
- 50 g taugeh

persiapan

1. Untuk mi Asia dengan daging lembu, masak mi mengikut arahan pakej.
2. Cincang halus daun bawang dan potong dadu daging lembu. Panaskan minyak dan goreng daun bawang dan daging lembu di dalamnya.
3. Masukkan taugeh, jus limau nipis, cili flakes dan kicap dan goreng selama 2 minit lagi.
4. Mi Asia dengan hidangan daging lembu bersama-sama dan dihidangkan.

86. Kuali sayur dengan daging

bahan-bahan

- 400 g daging babi
- 580 g sayur goreng (igloo)
- 6 sudu besar minyak biji sesawi
- marjoram
- thyme
- garam
- lada

persiapan

1. Untuk sayur-sayuran tumis dengan daging, pertama potong dadu daging babi dan rendam dalam campuran minyak rapeseed, garam,

lada, marjoram dan thyme. Biarkan ia curam selama sekurang-kurangnya 3 jam, sebaik-baiknya semalaman.

2. Masukkan daging babi ke dalam kuali tanpa sebarang minyak tambahan dan goreng sehingga panas. Masukkan sayur kuali dan tunggu air sejat.

3. Kemudian goreng semuanya kembali bersama. Sayur tumis dengan daging juga sedap dengan garam dan lada sulah dan dihidangkan.

87. perut babi BBQ Jepun

bahan-bahan

- 400 g perut babi (dihiris nipis)
- 1/4 biji bawang
- 1 keping halia (kecil)
- 1 biji bawang besar
- 2 ulas bawang putih (dimayang)
- 2 biji cili kering
- 2 sudu besar sake
- 2 sudu besar kicap
- 1 1/2 sudu besar madu
- 1/2 sos tomato
- 1 sudu besar bijan (dipanggang)
- lada

persiapan

1. Untuk perut babi BBQ Jepun, parut bawang dan halia dalam mangkuk.
2. Potong bawang besar dan campurkan semua bahan ke dalam perapan. Rendam perut babi dalam perapan selama 1 jam. Bakar perut babi di kedua-dua belah sehingga garing.
3. Hidangkan perut babi BBQ Jepun.

88. tulang rusuk ganti Jepun

bahan-bahan

- 1 kg tulang rusuk ganti
- 1 cawan (s) kicap
- 1 cawan (s) mirin
- 1/2 cawan (s) gula
- 1/4 cawan (s) pes lada panas Korea (Sun Kochuchang)
- 6 ulas bawang putih (ditekan)
- 2 sudu besar minyak bijan
- 1 sudu besar bijan
- 1 biji bawang besar

persiapan

1. Untuk tulang rusuk ganti Jepun, campurkan semua bahan dalam mangkuk. Biarkan rusuk ganti curam dalam perapan semalaman.
2. Grill juicy di atas panggangan.

89. Mee soba dengan ayam

bahan-bahan

- 250 g mi soba (mee Jepun)
- 1 sudu teh jus halia (segar)
- 200 g dada ayam
- 140 g daun bawang
- 2 sudu besar minyak kacang tanah
- 400 ml Ichiban Dashi (sup asas)
- 140 ml kicap (neraka)
- 1 sudu besar mirin
- 2 sudu besar rumpai laut nori
- 2 sudu besar Katsuo-Bushi (serpihan bonito kering)
- 1 sudu besar bijan (dipanggang)

persiapan

1. Untuk mee soba dengan ayam, masak dahulu mee dalam air masin sehingga al dente, kemudian toskan dan bilas dengan air panas. longkang. Gunakannya secepat mungkin, jika tidak, mereka akan membengkak dan kehilangan kekuatan mereka.
2. Potong ayam menjadi jalur setebal jari dan siram dengan jus halia. Masukkan bawang besar yang telah dicincang halus ke dalam minyak panas. Puff dashi dengan mirin dan kicap. Masukkan pasta toskan.
3. Agihkan mee secara rata dalam mangkuk, tutup dengan campuran daging dan bawang, taburkan dengan rumpai laut yang dicincang halus, serutan bonito dan biji bijan. Bawa mee soba dengan ayam di atas meja.

90. Pasta dengan daging lembu dan sayur-sayuran

bahan-bahan

- 10 g cendawan Mu-Err
- garam
- 250 gram daging lembu; atau daging babi, Ge
- 300 g sayur campur (cth daun bawang, lobak merah)
- 100 g anak benih kacang soya
- 2 sudu besar minyak kacang tanah
- 1 sudu besar halia (dihiris halus)
- 2 ulas bawang putih
- 400 g mi Cina
- garam
- 250 ml sup ayam

- 1 sudu teh tepung jagung
- 2 sudu besar sake (atau sherry kering)
- 2 sudu besar kicap
- 1 secubit Sambal Olek

persiapan

1. Hidangan pasta sentiasa lazat!
2. Rendam cendawan dalam air. Buat pasta dalam air masin sedikit. Potong daging menjadi kepingan kecil dan halus. Bersihkan sayur-sayuran dan potong menjadi jalur jika boleh. Rebus (melecurkan) taugeh dalam colander dengan air mendidih.
3. Panaskan 1 sudu besar minyak dalam kuali atau kuali besar. Tuangkan daging dan goreng dengan cepat, putar sentiasa. Angkat dan ketepikan.
4. Tuangkan baki minyak ke dalam kuali. Tumis sebentar sayur, anak pokok soya yang telah di toskan, cendawan, akar halia dan bawang putih yang telah diperah bersama 2 secubit garam sambil dikacau. Keluarkan dari pembakar dan masukkan ke dalam daging.
5. Campurkan semua bahan untuk sos, masukkan ke dalam kuali atau mungkin kuali dan kacau sambil dikacau. Perasakan mengikut

keperluan. Campurkan sayur-sayuran dan daging yang telah digoreng dengan sos panas. Jangan buat lagi.

6. Letakkan daging dan sayur-sayuran dengan sos pada pasta yang telah dikeringkan.

AYAM

91. Yaki Udon dengan Dada Ayam

bahan-bahan

- 200 g yaki udon (mee gandum tebal)
- 300 g campuran sayur tumis
- 200 g fillet dada ayam
- 1 sudu kecil minyak bijan

- 4 sudu besar minyak bunga matahari
- 1/2 sudu kecil cili bawang putih (bawang putih campur cili cincang)
- 1 keping (2 cm) halia segar
- 2 sudu besar kicap
- 1 sudu besar gula
- 1 sudu kecil bijan untuk hiasan

persiapan

1. Untuk yaki udon, masak air sehingga mendidih dan masak mee di dalamnya selama kira-kira 5 minit. Tapis, bilas dalam air sejuk dan toskan.
2. Potong fillet ayam dan sayur-sayuran yang telah dibersihkan menjadi jalur selebar jari, potong halia.
3. Panaskan kuali atau kuali berat, tuangkan minyak bijan dan bunga matahari dan panaskan. Goreng jalur sayuran dan daging di dalamnya. Masukkan cili bawang putih, gula, kicap dan halia dan goreng selama 3 minit. Masukkan pasta dan goreng sekejap juga.
4. Susun yaki udon dalam mangkuk dan taburkan bijan sebelum dihidangkan.

92. Kuali ayam cili padi

bahan-bahan

- 8 ketul ayam (kecil)
- 1 paket Knorr Basis Crispy Chicken Legs
- 1 kiub sup Knorr clear
- 200 g Basmati Perjalanan
- 4 biji tomato (kecil)
- 2 sudu besar serbuk paprika
- 2 sudu besar pes tomato
- 1 pc. Paprika (merah)
- Cili (untuk perasa)
- Parsley (segar)

persiapan

1. Untuk kuali cili padi ayam, sediakan betis ayam secara KNORR mengikut arahan pada bungkusan.
2. Sementara itu, panggang nasi dalam periuk tanpa menambah sebarang lemak. Deglaze dengan tiga kali ganda jumlah air dan biarkan mendidih dengan serbuk paprika, pes tomato dan kiub sup. Reneh cili padi ayam hingga nasi lembut.
3. Sementara itu, potong lada benggala dan tomato menjadi kepingan besar dan masukkan ke dalam ayam. Campurkan nasi yang dimasak dengan buku jari dan hidangkan dengan pasli.

93. Ayam dalam pelapis buttermilk pedas

bahan-bahan

- 500 g ayam (stik drum atau sayap ayam)
- 150 ml susu mentega
- 4 ulas bawang putih (dimayang)
- 1 biji cili api (dicincang halus)
- 1 sudu besar jus lemon
- garam
- lada
- 3 sudu besar tepung (ditimbun)

persiapan

1. Untuk ayam dalam perapan buttermilk berempah, gaulkan bahan perapan dengan baik dan rendam kepingan ayam di dalamnya selama kira-kira 1 jam. Goncang tepung dan ayam dengan baik dalam beg yang boleh ditutup.
2. Bakar dalam banyak minyak bunga matahari panas pada suhu 170 ° C selama kira-kira 8 minit. Apabila mereka kuning keemasan, keluarkan mereka dari lemak dan biarkan ia toskan sebentar di atas kertas dapur.
3. Lumurkan ayam yang telah siap dalam roti mentega pedas dengan jus lemon segar sebelum dihidangkan.

94. Kaki ayam dengan tomato

bahan-bahan

- 4 kaki ayam
- 50 g bacon salai (untuk dikunyah)
- garam
- lada
- 100 g Thea
- 1 biji bawang besar (dicincang)
- 100 g Zeller (parut)
- 3 biji tomato
- 1 sudu besar tepung (licin)
- 1/2 tandan pasli (dicincang)

persiapan

1. Untuk kaki ayam dengan tomato, goreng kaki ayam dengan bacon, perasakan dengan garam dan lada sulah dan goreng dalam THEA panas.
2. Masukkan bawang besar dan bilik bawah tanah dan goreng sebentar. Kukus tomato dalam sedikit air masin, tapis dan masukkan ke dalam kaki ayam. Rebus pada suhu rendah selama 35 minit, sehingga daging empuk.
3. Taburkan jus dengan tepung, biarkan mendidih lagi dan hidangkan kaki ayam dengan tomato yang ditaburi pasli.

95. Isi ayam dalam sos aromatik

bahan-bahan

- 200 g tauhu (pejal: kiub kecil)
- Minyak (untuk menggoreng)
- 15 g cendawan shitake (kering)
- 200 ml stok sayuran
- 6 sudu besar tomato (tapis)
- 4 sudu besar sherry sederhana
- 3 sudu besar kicap
- 1 sudu teh halia (segar, dicincang)
- 1 sudu teh madu
- Serbuk cili
- 2 sudu besar minyak
- 1 ulas bawang putih (dicincang halus)

- 200 g dada ayam (jalur nipis)
- garam
- 1 sudu teh tepung jagung
- 3 sudu besar. Air (sejuk)
- 1 lobak merah (pensel halus)
- 80 g taugeh
- 2 biji bawang besar (cincin halus)

persiapan

1. Keringkan tauhu dan goreng dalam minyak sehingga perang keemasan. Untuk membuang lemak berlebihan, letakkan sekejap kiub tauhu dalam air panas, toskan dan sapu. Bilas cendawan kering, tuangkan air mendidih ke atasnya dan biarkan membengkak selama 1 jam. Toskan, toskan dan potong cendawan menjadi kepingan nipis. Untuk sos aromatik, campurkan stok sayur, sos tomato, sherry sederhana, kicap, halia, madu dan secubit cili. Panaskan 1 sudu besar minyak dalam kuali atau kuali tidak melekat. Goreng bawang putih dan ayam di dalamnya seketika, kacau, dan sedikit garam. Campurkan cendawan. Campurkan sos aromatik dan kiub tauhu. Reneh semua yang ditutup selama 10 minit. Bancuh tepung jagung dengan 3 sudu besar

air sejuk hingga rata, kacau dan reneh seketika sehingga sos pekat. Panaskan 1 sudu besar minyak dalam kuali bersalut atau dalam kuali menjelang akhir masa memasak. Goreng lobak merah di dalamnya seketika sambil kacau, sedikit garam. Campurkan taugeh dan daun bawang dan goreng sebentar sambil dikacau. Campurkan lobak merah, pucuk dan daun bawang dengan tauhu dan ayam dalam sos aromatik.

96. Mee soba dengan ayam

bahan-bahan

- 250 g mi soba (mee Jepun)
- 1 sudu teh jus halia (segar)
- 200 g dada ayam
- 140 g daun bawang
- 2 sudu besar minyak kacang tanah
- 400 ml Ichiban Dashi (sup asas)
- 140 ml kicap (neraka)
- 1 sudu besar mirin
- 2 sudu besar rumpai laut nori
- 2 sudu besar Katsuo-Bushi (serpihan bonito kering)
- 1 sudu besar bijan (dipanggang)

persiapan

1. Untuk mee soba dengan ayam, masak dahulu mee dalam air masin sehingga al dente, kemudian toskan dan bilas dengan air panas. longkang. Gunakannya secepat mungkin, jika tidak, mereka akan membengkak dan kehilangan kekuatan mereka.
2. Potong ayam menjadi jalur setebal jari dan siram dengan jus halia. Masukkan bawang besar yang telah dicincang halus ke dalam minyak panas. Puff dashi dengan mirin dan kicap. Masukkan pasta toskan.
3. Agihkan mee secara rata dalam mangkuk, tutup dengan campuran daging dan bawang, taburkan dengan rumpai laut yang dicincang halus, serutan bonito dan biji bijan. Bawa mee soba dengan ayam di atas meja.

97. Mee soba

bahan-bahan

- 250 g mi soba (mee soba Jepun)
- 140 g daun bawang
- 400 ml Ichiban Dashi (sup, Jepun)
- 1 sudu teh jus halia (segar)
- 200 g ayam (dada)
- 2 sudu besar Katsuo-Bushi (serpihan bonito kering)
- 1 sudu besar bijan (dipanggang)
- 2 sudu besar minyak kacang tanah
- 1 sudu besar mirin
- 2 sudu besar rumpai laut nori
- 140 ml kicap (neraka)

persiapan

1. Untuk mee soba, masak mee dalam air masin sehingga al dente, tapis dan bilas dengan air panas. longkang.
2. Potong ayam menjadi jalur kecil setebal jari dan renjiskan dengan jus halia. Tumis bawang besar dan ayam yang telah dicincang halus dalam minyak panas.
3. Didihkan dashi bersama kicap dan mirin. Masukkan spageti yang telah di toskan.
4. Hidangkan mee soba yang ditaburkan dengan ayam, rumpai laut yang dicincang halus, bijan dan serutan bonito.

98. Dada itik tumis

bahan-bahan

- 2 isi dada itik
- 3 biji bawang merah (mungkin lebih)
- 1 akar halia, kira-kira 5 sentimeter
- 1 oren (tidak dirawat)
- 1 biji bawang besar
- 1 cili merah, ringan
- 2 sudu besar minyak bijan
- 2 sudu besar minyak sayuran
- 1 secubit kayu manis
- 75 ml sup ayam
- 1 sudu besar madu

- 2 sudu besar sake (wain beras Jepun) (mungkin lebih)
- 2 sudu besar kicap
- Lada (baru dikisar)

persiapan

1. Bilas dan keringkan isi dada itik dan potong menyerong menjadi kepingan setebal 1 cm.
2. Kupas bawang merah dan potong dadu halus. Kupas dan parut halia.
3. Bilas oren dengan teliti, kupas kulitnya atau kupas kulitnya dan perah jusnya. Potong bawang putih dan hijau muda ke dalam cincin yang sangat sempit. Potong cili separuh dan inti dan potong jalur nipis.
4. Panaskan kuali atau, jika perlu, kuali, masukkan minyak dan panaskan. Goreng kepingan itik selama tiga hingga empat minit sambil dikacau. Masukkan bawang merah dan halia dan panggang selama dua minit lagi.
5. Tuangkan jus oren, kayu manis, kulit oren, sake, sup ayam, madu, kicap dan cili dan masak pada suhu tinggi sambil terus dikacau. Perasakan dengan kicap dan lada yang baru dikisar.

6. Letakkan nasi bijirin panjang di atas pinggan dan bawa dada itik yang ditaburi cincin bawang ke meja.
7. Nasi basmati sesuai dengannya.

99. Salad dengan dada ayam dan asparagus hijau

bahan-bahan

- 2 dada ayam
- 3 sudu besar kicap
- 3 sudu besar sake (wain beras) atau sherry
- 250 ml sup ayam
- 200 g asparagus
- garam
- 2 biji telur
- 1 sudu besar minyak bijan
- 3 sudu besar minyak kacang tanah
- Daun selada
- 1 sudu teh miso ringan (pes kacang)

- 0.5 sudu kecil wasabi (serbuk lobak pedas)
- 1 sudu teh cuka beras
- gula

persiapan

1. Gosok daging dengan sesudu kicap dan sake setiap satu dan perap selama setengah jam.
2. Tuangkan ke dalam periuk dengan sup jernih mendidih dan rebus perlahan-lahan selama lima hingga lapan minit pada suhu rendah. Biarkan sejuk dalam sos.
3. Potong asparagus yang dikupas pada sudut menjadi kepingan sepanjang lima sentimeter. Masak dalam air masin selama kira-kira lima minit sehingga garing, hanya masak petua selama dua minit.
4. Campurkan telur dengan sesudu kicap, sake dan minyak bijan. Dalam kuali yang disalut dengan minyak kacang, bakar telur dadar yang hampir lut sinar pada suhu rendah. Susun ini berselang-seli dengan daun salad dan gulung, potong menyerong menjadi jalur halus.
5. Campurkan dua sudu minyak kacang tanah, satu sudu kicap, satu sudu serbuk wasabi, miso, sake dan beberapa titik sup jernih ke

dalam vinaigrette berkrim. Perasakan dengan cuka dan gula.
6. Potong ayam kepada kepingan kecil, campurkan dengan jalur asparagus dan telur dadar, hidangkan dengan vinaigrette dan hidangkan.

100. Yakitori

bahan-bahan

- 8 sudu besar kicap, Jepun
- 8 sudu besar mirin
- 2 hirisan halia, parut
- Lidi anvil
- 400 g ayam

persiapan

1. 2 hirisan halia, parut, ditekan
2. Ayam dibilas, dikeringkan dan dipotong menjadi kiub kecil (lebih kurang 2 cm panjang tepi). Perapan dibuat daripada kicap, mirin (wain beras manis) dan jus halia, di mana

daging berehat selama kira-kira setengah jam.

KESIMPULAN

Resipi Jepun menyediakan pelbagai pilihan vegetarian dan bukan vegetarian yang hebat, dan anda pastinya harus mencuba masakan yang indah ini sekurang-kurangnya sekali dalam hidup anda.

Milton Keynes UK
Ingram Content Group UK Ltd.
UKHW020827141124
451205UK00012B/764